全国“八五”普法学习读本系列

国家安全法律知识应知应会

全国“八五”普法学习读本编写组　编

法律出版社
LAW PRESS · CHINA
北京

图书在版编目(CIP)数据

国家安全法律知识应知应会 / 全国“八五”普法学习读本编写组编. -- 北京 : 法律出版社, 2024(2024.11 重印)
ISBN 978-7-5197-6598-9

Ⅰ. ①国… Ⅱ. ①全… Ⅲ. ①国家安全法-中国-通俗读物 Ⅳ. ①D922.145

中国版本图书馆 CIP 数据核字(2022)第065312号

国家安全法律知识应知应会
GUOJIA ANQUAN FALÜ ZHISHI YING ZHI YING HUI

全国“八五”普法学习读本编写组 编

策划编辑 沈小英
责任编辑 陈 妮 张思婕
装帧设计 汪奇峰

出版发行 法律出版社
编辑统筹 法治与经济出版分社
责任校对 王语童
责任印制 吕亚莉
经 销 新华书店

开本 710毫米×1000毫米 1/16
印张 12.75 字数 183千
版本 2024年4月第1版
印次 2024年11月第2次印刷
印刷 三河市兴达印务有限公司

地址:北京市丰台区莲花池西里7号(100073)
网址:www.lawpress.com.cn
投稿邮箱:info@lawpress.com.cn
举报盗版邮箱:jbwq@lawpress.com.cn

销售电话:010-83938349
客服电话:010-83938350
咨询电话:010-63939796

书号:ISBN 978-7-5197-6598-9
定价:39.00元
凡购买本社图书,如有印装错误,我社负责退换。电话:010-83938349

撰稿人

张晓君　西南政法大学国际法学院院长、教授
张　辉　西南政法大学教授
宋云博　西南政法大学教授
蒋亚娟　西南政法大学教授
杨永红　西南政法大学教授
陈　喆　西南政法大学副教授
曾心良　西南政法大学师资博士后

编写说明

2020年11月16日至17日召开的中央全面依法治国工作会议,明确了习近平法治思想在全面依法治国工作中的指导地位,这是我国社会主义法治建设中具有现实意义和深远意义的大事。习近平法治思想是马克思主义法治理论中国化的最新成果,是习近平新时代中国特色社会主义思想的重要组成部分,是全面依法治国的根本遵循和行动指南。

在习近平新时代中国特色社会主义思想指导下,深入学习贯彻习近平法治思想,我们编写《国家安全法律知识应知应会》,以落实《中央宣传部、司法部关于开展法治宣传教育的第八个五年规划(2021—2025年)》,切实抓好普法学习宣传,适应统筹发展和安全的需要,推动全社会增强国家安全意识和风险防控能力。

在党的领导下,我国不断加强国家安全法治建设,已基本形成以《中华人民共和国宪法》为指导、以《中华人民共和国国家安全法》为核心、以各安全领域的专门立法为主干、以相关法律中涉及维护国家安全的部分条款和内容为补充的国家安全法律制度体系,旨在构建集政治安全、军事安全、国土安全、经济安全、文化安全、社会安全、科技安全、网络安全、生态安全、资源安全、核安全、海外利益安全、太空安全、深海安全、极地安全、生物安全于一体的国家安全体系。

本书主要特点和特色如下:

第一，坚持总体国家安全观为指导，全面展示并宣传国家安全法制建设成果。本书以总体国家安全观为指导，将国家安全法律制度体系及其内容划分为法律规范、法律责任以及知识问答三个方面进行解读。其中，第一部分“国家安全法律制度一般规定”为对国家安全领域主要立法的立法目的、立法原则、调整范围、主要内容等内容的阐释，分九章进行介绍。第二部分“与国家安全相关的法律责任”，通过案例对违反国家安全相关立法的法律责任进行讲解。第三部分“国家安全法律知识问答题库”是国家安全相关知识问答。

第二，问答设计重点突出、通俗易懂。本书设置了 99 个法律知识要点问答，列举了 15 个典型违反国家安全法律规定的责任情形，并通过“行为阐释”“法律依据”“案例警示”“安全提示”四个方面进行法治宣传。本书在知识要点的问答设计、案例警示以及安全提示等方面力求简洁、平易；内容精炼，详略得当，重点突出。

第三，为了验证本书普法的实际效果，本书特别设置了问答题库，以期读者进一步巩固国家安全领域法律制度相关知识。

普法宣传是一个长期、持续的过程，任重道远。2020 年 12 月，中共中央印发了《法治社会建设实施纲要（2020—2025 年）》，明确提出到 2025 年，“八五”普法规划实施完成，法治观念深入人心，社会领域制度规范更加健全，社会主义核心价值观要求融入法治建设和社会治理成效显著，公民、法人和其他组织合法权益得到切实保障。希望本书能为我国的国家安全法治建设、权益维护作出应有的贡献。

全国“八五”普法学习读本编写组

2024 年 3 月

序　言

中共中央印发的《法治中国建设规划（2020—2025年）》要求，“全面依法治国需要全社会共同参与，必须大力弘扬社会主义法治精神，建设社会主义法治文化，引导全体人民做社会主义法治的忠实崇尚者、自觉遵守者、坚定捍卫者”。《中央宣传部、司法部关于开展法治宣传教育的第八个五年规划（2021—2025年）》明确指出，“深入宣传与社会治理现代化密切相关的法律法规。适应统筹发展和安全的需要，大力宣传总体国家安全观和国家安全法、反分裂国家法、国防法、反恐怖主义法、生物安全法、网络安全法等，组织开展‘4·15’全民国家安全教育日普法宣传活动，推动全社会增强国家安全意识和风险防控能力”。保证国家安全是头等大事，法治是保证和维护国家安全的基本方式和根本之策，国家安全法律制度体系是中国特色社会主义法治体系的有机组成部分。

习近平总书记关于总体国家安全观的重要论述为国家安全法治建设提供了理论基石和行动指南。2014年4月15日，习近平总书记在中央国家安全委员会第一次全体会议上明确提出“总体国家安全观”。总体国家安全观是在准确把握新时代中国国家安全形势的新特点、新趋势的基础上提出的。习近平总书记指出，“当前我国国家安全内涵和外延比历史上任何时候都要丰富，时空领域比历史上任何时候都要宽广，内外因素比历史上任何时候都要复杂，必须坚持总体国家安全观，以人民安全为宗旨，以政治安全为根本，以经济安全为基础，以军事、文化、社会安全为保障，以促进国际安全为依托，走出一条中国特色国家安全道路”。[①]《中华人民共和国国家安全法》也明确规定国家安全工作要坚持总体国家安全观。在总体国家安全观指导下颁布的《中华人民共和国国家安全法》，对“国家安全”的含义作出了明确界定，该法第2条规定：“国家安全是指国家政权、主权、统一和领土完整、人民福祉、经济社会可持续发展和国家其他重大利益相对处于没有危险和不受内外威胁的状态，以及保障持续安全状态的能力。”习近平总书记指出，要“构建集政治安全、国土安全、军事安全、经济安全、文化安全、社会安全、科技安全、信息安全、生态安全、资源安全、核安全等于一体的国家安全体系”。[②] 总体国家安全观的构成要素具有系统性特征，涵盖了多个维度的国家安全问题，强调了意在构建全方位安全为一体的安全体系；人民安全，政治安全，经济安全，军事、文化、社会安全，国际安全是新时代总体国家安全观的五大要素。其中，总体国家安全观坚持“以人民安全为宗旨”作为价值本位，体现了中国共产党以人为本的治国理念。2014年4月25日，习近平总书记在中共中央政治局就切实维护国家安全和社会安定进行第十四次集体学习时指出：“各地区各部门要贯彻总体国家安全观，准确把握我国国家安全形势变化新特点新趋势，坚持既重视外部安全又重视内部安全、既重视国土安全又重视国民安全、既重视传统安全又重视非传统安全、既重视发展问题又重视安全问题、既重视自身安全又重视共同安全，切实做好国家安全各项

---

① 《习近平：坚持总体国家安全观　走中国特色国家安全道路》，载《人民日报》2014年4月16日，第1版。

② 《习近平：坚持总体国家安全观　走中国特色国家安全道路》，载《人民日报》2014年4月16日，第1版。

工作。”[①]这是国家安全工作必须处理好的五对关系，精辟地归纳了国家安全工作的内在逻辑。其中，统筹发展和安全是贯彻总体国家安全观的基本要求。安全是发展的前提，发展是安全的保障。

以习近平同志为核心的党中央高度重视国家安全法律制度建设，对国家安全立法提出了明确要求。2014年10月23日，党的十八届四中全会通过的《中共中央关于全面推进依法治国若干重大问题的决定》指出：“贯彻落实总体国家安全观，加快国家安全法治建设，抓紧出台反恐怖等一批急需法律，推进公共安全法治化，构建国家安全法律制度体系。”2015年1月23日，中共中央政治局审议通过的《国家安全战略纲要》，要求“把法治贯穿于维护国家安全的全过程”。2017年10月18日，党的十九大报告中强调，“完善国家安全制度体系，加强国家安全能力建设，坚决维护国家主权、安全、发展利益”。2018年4月17日，习近平总书记在十九届中央国家安全委员会第一次会议上强调，“国家安全工作要适应新时代新要求，一手抓当前、一手谋长远，切实做好维护政治安全、健全国家安全制度体系、完善国家安全战略和政策、强化国家安全能力建设、防控重大风险、加强法治保障、增强国家安全意识等方面工作”。[②] 2019年10月31日，党的十九届四中全会通过的《中共中央关于坚持和完善中国特色社会主义制度　推进国家治理体系和治理能力现代化若干重大问题的决定》再次强调“健全国家安全法律制度体系”。2020年11月16日至17日，习近平总书记在中央全面依法治国工作会议上对国家安全立法提出了明确要求，“要积极推进国家安全、科技创新、公共卫生、生物安全、

① 《习近平：切实维护国家安全和社会安定》，载《人民日报》2014年4月27日，第1版。

② 《习近平：全面贯彻落实总体国家安全观　开创新时代国家安全工作新局面》，载《人民日报》2018年4月18日，第1版。

生态文明、防范风险、涉外法治等重要领域立法，健全国家治理急需的法律制度、满足人民日益增长的美好生活需要必备的法律制度”。[①] 2021 年 11 月 18 日，中共中央政治局审议的《国家安全战略（2021—2025 年）》指出，“要全面提升国家安全能力，更加注重协同高效，更加注重法治思维”。党的二十大报告指出：“必须坚定不移贯彻总体国家安全观，把维护国家安全贯穿党和国家工作各方面全过程，确保国家安全和社会稳定。”

在党的领导下，我国不断加强国家安全法治建设，已基本形成以《中华人民共和国宪法》为依据、以《中华人民共和国国家安全法》为核心、以各安全领域的专门立法为主干、以相关法律中涉及维护国家安全的部分条款和内容为补充的国家安全法律制度体系。《中华人民共和国宪法》中关于领土、政体、民族制度、公民权利、维护国家安全的义务性条款为国家安全立法提供了依据。《中华人民共和国国家安全法》是国家安全法律体系中的核心法律，其对国家安全基本问题作出了普遍性、原则性、总体性的规定，为具体安全领域的立法提供了指导。按照国家安全体系的架构，我国逐步构建起涵盖各专门领域的国家安全立法，包括维护国家政治安全的立法，如《中华人民共和国反间谍法》《中华人民共和国国家情报法》《中华人民共和国保守国家秘密法》《中华人民共和国境外非政府组织境内活动管理法》等；维护国家统一和领土完整的立法，如《反分裂国家法》《中华人民共和国出境入境管理法》《中华人民共和国领海及毗连区法》《中华人民共和国香港特别行政区维护国家安全法》等；维护国防和军事安全的立法，如《中华人民共和国国防法》《中华人民共和国兵

① 习近平：《坚定不移走中国特色社会主义法治道路　为全面建设社会主义现代化国家提供有力法治保障》，载《求是》2021 年第 5 期。

役法》《中华人民共和国人民防空法》等；维护国家经济安全的法律法规，如《中华人民共和国反垄断法》《中华人民共和国反洗钱法》《中华人民共和国出口管制法》《中华人民共和国反外国制裁法》《不可靠实体清单规定》《外商投资安全审查办法》等；维护社会安全和公共安全的立法，如《中华人民共和国反恐怖主义法》《中华人民共和国突发事件应对法》；维护网络、信息安全的立法，如《中华人民共和国网络安全法》《中华人民共和国数据安全法》《中华人民共和国电子签名法》《中华人民共和国密码法》等；维护生态安全、资源安全的立法，如《中华人民共和国环境保护法》《中华人民共和国矿产资源法》等；维护核安全的法律法规，如《中华人民共和国核安全法》《中华人民共和国民用核设施安全监督管理条例》等；维护生物安全的法律法规，如《中华人民共和国生物安全法》《中华人民共和国人类遗传资源管理条例》等。

本书在结构上共分为三个部分：国家安全法律制度一般规定、与国家安全相关的法律责任、国家安全法律知识问答题库。其中，第一部分"国家安全法律制度一般规定"主要是对国家安全领域主要立法的立法目的、立法原则、调整范围、主要内容等的阐释。第一章"国家安全法知识"，对该法的立法目的、调整对象、维护国家安全的任务、国家安全机制等内容进行了阐述；第二章"反分裂国家法知识"，对该法的立法宗旨、实施方式等内容进行了介绍；第三章"香港特别行政区维护国家安全法知识"，对该法的立法目的、香港特别行政区维护国家安全的执法机构、执行机制及危害国家安全的犯罪等内容进行了解读；第四章"反间谍法知识"，对间谍行为、间谍组织代理人及敌对组织的认定、国家安全机关在反间谍工作中的职权、公民和组织的义务和权利等内容进行了分析；第五章"国家情报法知识"，对国家情报工作机构职权、情报人员的保障、国家对情报工作的监督审查制度进行了梳理；第六章“网络安全法知识”，对该法的立法目的、网络安全的内涵、网络运行安全、个人信息的保护、公民和组织的义务等进行了阐释；第七章“数据安全法知识”，对该法的立法目标、适用范围、数据分类制度、重要数据识别制度、重要数据流通制度等内容进行了解读；第八章“生物安全法知识”，对生物安全的内涵、有关部门在什么情形下应对外来物种风险进行调查评估、生物安全信息共享和发布制度的主要内容、我国生物安全名录、境外重大生物安全事件的内容等进行了分析；第九章“反恐怖主义法知识”，对恐怖主义及恐怖活动的概念、反恐机构及其职责等进行了介绍。第二部分“与国家安全相关的法律责任”，对违反国家安全相关立法的法律责任通过案例进行了讲解。第三部分“国家安全法律知识问答题库”是国家安全相关法律知识问答，以期帮助读者进一步巩固国家安全领域法律制度的相关知识。

目录

Contents

第一部分　国家安全法律制度一般规定

第一部分
国家安全法律制度一般规定

第一章　国家安全法知识

▶ *1. 为何需要制定一部《中华人民共和国国家安全法》?*

为适应全面维护各领域国家安全的需要,贯彻落实总体国家安全观要求,2015 年 7 月 1 日,十二届全国人大常委会第十五次会议通过《中华人民共和国国家安全法》。该法明确了维护国家安全的基本原则和任务,规定了国家安全的基本制度,覆盖了国家安全各领域的工作,建立起了集中统一、高效权威的国家安全领导制度,以法律形式明确了国家安全工作的相关制度,明确了国家机关、公民和组织维护国家安全的职责、权利和义务。

制定《中华人民共和国国家安全法》是适应维护国家安全新形势新任务的需要,是维护国家主权、利益和社会稳定的需要,是构建国家安全法律制度体系、加快国家安全法治建设的需要。

维护国家安全是国家的头等大事,国家安全立法是国家安全的基本保障。建立健全与维护国家安全需要相适应、与经济社会发展相协调的国家安全保障体系,需要对建立健全国家安全的法律保障、财政保障、物资保障、科技保障、专门人才保障、专门工作手段保障和宣传教育保障等具体制度进行科学设计，并用法律的形式固定下来。

维护国家安全，人人有责。用法律的形式将公民和组织维护国家安全的权利义务固定下来，有利于督促国民全面认识和把握我国国家安全面临的新形势新挑战，充分认清国家安全形势的复杂性与严峻性，做国家安全的坚定捍卫者。

当前，我国国家安全形势日益严峻，面临着对外维护国家主权、安全、发展利益，对内维护政治安全和社会稳定的双重压力，各种可以预见和难以预见的风险因素明显增多，非传统领域安全问题日益凸显。我国虽然在 1993 年便已通过《中华人民共和国国家安全法》，但仅规定了国家安全机关的职责特别是反间谍职责，已被 2023 年 4 月 26 日全国人大常委会修订的《中华人民共和国反间谍法》取代。因此，有必要制定一部综合性、全局性、基础性的国家安全法，为维护国家安全提供坚实的法律制度保障。

▶ 2. 为什么要坚持中国共产党对国家安全工作的领导？

坚持中国共产党的领导是我国宪法确立的基本原则。《中华人民共和国宪法》第 1 条第 2 款规定："社会主义制度是中华人民共和国的根本制度。中国共产党领导是中国特色社会主义最本质的特征……"坚持走中国特色的国家安全道路，最根本的就是旗帜鲜明地坚持中国共产党对国家安全工作的领导，这是确保国家安全工作正确政治方向的根本原则，任何时候任何情况下都不能动摇。

坚持中国共产党的领导是开展国家安全工作的前提。《中华人民共和国国家安全法》第 4 条规定："坚持中国共产党对国家安全工作的领导,建立集中统一、高效权威的国家安全领导体制。”只有如此才能有效推进国家安全工作。为实现维护国家安全的制度保障,党的十八届三中全会后,党中央成立了中央国家安全委员会,建立了集中统一、高效权威的国家安全领导体制,为维护国家安全提供了制度前提。

坚持中国共产党的领导是开展国家安全工作的保障。《中华人民共和国国家安全法》第5条规定:“中央国家安全领导机构负责国家安全工作的决策和议事协调,研究制定、指导实施国家安全战略和有关重大方针政策,统筹协调国家安全重大事项和重要工作,推动国家安全法治建设。”党中央成立的中央国家安全委员会,制定实施了《国家安全战略纲要》和各领域国家安全政策。坚持党的领导有利于发挥中央国家安全领导机构决策、统筹、协调国家安全重大事务的职能,领导、支持和保障国家机关依法开展维护国家安全工作。

国家安全工作攸关党的执政地位和国家存亡。国家安全是安邦定国的重要基石,必须毫不动摇地坚持中国共产党的领导,维护中国共产党的执政地位和中国特色社会主义制度。在当代中国,如果离开中国共产党的领导,离开社会主义制度,势必陷入政治动乱和社会动荡,一切安全都无从谈起。坚持中国共产党对国家安全工作的领导,有利于更好地发挥党总揽全局、协调各方的领导核心作用,有利于巩固中国共产党的执政地位,有利于中国特色社会主义制度的不断完善和发展。

▶ 3. 维护国家安全为什么要坚持社会主义法治原则?

在全面推进依法治国的大背景下,维护国家安全必须坚持社会主义法治原则。党的十八届四中全会提出全面推进依法治国的总目标,依法治国要求国家安全工作必须依法进行。这既意味着通过法律授权给有关部门、机构足够的权力维护国家安全,也意味着通过法律限制、约束和规范这些部门、机构行使其权力。《中华人民共和国国家安全法》第2条规定:“国家安全是指国家政权、主权、统一和领土完整、人民福祉、经济社会可持续发展和国家其他重大利益相对处于没有危险和不受内外威胁的状态,以及保障持续安全状态的能力。”这是我国法律首次对国家安全作出界定,有助于明晰国家安全工作的权限和范围。

坚持社会主义法治原则有利于实现人民安全这一国家安全的基石和归宿。“尊重和保障人权”是社会主义法治的基本原则,“尊重和保障人权,依法保护公民的权利和自由”又是《中华人民共和国国家安全法》规定的开展国家安全工作的重要原则。只有如此,才能实现《中华人民共和国国家安全法》的立法目的——“保护人民的根本利益”,坚持人民安全这一总体国家安全观的宗旨。因此,必须坚持以社会主义法治原则维护国家安全,开展国家安全工作的同时尊重和保障人权,维护人民安全。

坚持社会主义法治原则有利于建立完善的国家安全法律制度体系。中国特色国家安全法律制度体系是中国特色社会主义法治体系的重要组成部分,坚持社会主义法治原则能够推动我国尽快形成系统完备、科学规范、运行有效的中国特色国家安全法律制度体系,为维护我国国家安全提供坚实的法律制度保障。

▶ 4. 新型国家安全体系包括哪些方面?

国家安全体系的建设是保障国家安全的必然要求,是国家安全制度不可或缺的一部分。我国国家安全体系是建立在总体国家安全观之上的新型国家安全体系,《中华人民共和国国家安全法》第 4 ~6 条明确了我国新型国家安全体系的三个部分。

第一部分是集中统一、高效权威的国家安全领导体制。《中华人民共和国国家安全法》第 4 条规定:“坚持中国共产党对国家安全工作的领导,建立集中统一、高效权威的国家安全领导体制。”坚持党对国家安全工作的绝对领导,是做好国家安全工作的根本原则,是维护国家安全和社会安定的根本保障。集中统一的国家安全领导机制的主体包括中央国家安全委员会以及各部门、各地方党委,中央国家安全委员会按照集中统一、科学谋划、统分结合、协调行动、精干高效的原则,统一领导和部署国家安全工作;各部门、各地方党委统筹领导和协调本领域本地区国家安全工作,承担相应的国家责任。

第二部分是中央国家安全领导机构的主要职责。《中华人民共和国国家安全法》第 5 条规定:“中央国家安全领导机构负责国家安全工作的决策和议事协调,研究制定、指导实施国家安全战略和有关重大方针政策,统筹协调国家安全重大事项和重要工作,推动国家安全法治建设。”中央国家安全领导机构的主要职责包括:一是研究制定、指导实施国家安全战略和有关重大方针政策;二是统筹协调国家安全重大事项和重要工作;三是推动国家安全法治建设。

第三部分是国家安全战略。《中华人民共和国国家安全法》第 6 条规定:“国家制定并不断完善国家安全战略,全面评估国际、国内安全形势,明确国家安全战略的指导方针、中长期目标、重点领域的国家安全政策、工作任务和措施。”国家安全战略是关于国家安全的综合性的指导战略,是运用综合国力维护国家安全利益的总体构想。

▶ 5. 国家安全教育日是哪一天？为什么要设置国家安全教育日？

国家安全教育日是每年 4 月 15 日。2014 年 4 月 15 日，中央国家安全委员会第一次全体会议召开，在这次会议上，以习近平同志为核心的党中央提出了“总体国家安全观”的重大战略思想，为新形势下维护国家安全工作确立了重要遵循。2014 年 4 月 15 日是一个具有重要里程碑意义的日子，因此将每年的 4 月 15 日确立为全民国家安全教育日。

改革开放以来，我国国力得到了提升，全社会的物质和精神生活都得到了很大程度的改善，但是全民国家安全意识并未同步提高。国家安全教育离不开全社会的支持，设置国家安全教育日，深入开展国家安全宣传教育，能够增强全民国家安全意识，提高全社会防范和抵御国家安全风险的能力。因此，有必要在《中华人民共和国国家安全法》中规定全民国家安全教育日，通过定期宣传教育活动，提升全社会国家安全意识，时刻绷紧“国家安全”这根弦。

我国存在这样的立法惯例，即通过全国人大常委会直接设立全国性的活动日。通过法律形式确立全民国家安全教育日，并且明确具体日期，使全民国家安全教育日更具权威性和严肃性，也符合国家安全对国家和民族的重要意义。同时，还体现了党和国家对加强国家安全保护形势下，对国家安全教育的高度重视，符合广大人民群众的意志和心愿。

我国要求社会组织和公民个人享有并承担维护国家安全的权利和义务，设置国家安全教育日，向社会组织和公民个人宣传《中华人民共和国国家安全法》规定的法定权利与义务，有助于我国社会组织和个人更好地行使和承担《中华人民共和国国家安全法》规定的法定权利与义务。

▶ 6. 应该从哪些方面完成维护国家安全的任务?

《中华人民共和国国家安全法》第二章规定了维护国家安全的任务，共20条，从19个方面对维护国家安全的任务作了规定，其中包括了：

第一个方面是维护政治安全。政治安全是国家安全的根本，事关国家治乱兴衰。

第二个方面是维护人民安全。人民安全是国家安全体系中不可分割的、核心的构成要素，是国家安全的基石和依托。

第三个方面是维护国土安全。国土安全是传统国家安全的核心内容，是国家生存与发展的重要保障。

第四个方面是维护军事安全。军队是国家安全的坚强柱石，军事安全是国家安全的重要保障。

第五个方面是维护经济安全。根据总体国家安全观的要求，保障经济安全是国家安全的基础。

第六个方面是维护金融安全。金融是现代经济的核心，金融安全是经济安全的一个重要组成部分，具有举足轻重的地位。

第七个方面是维护资源能源安全。资源能源安全在国家安全中占有基础性地位，是人民群众和整个国家生存与发展的不可或缺的物质基础。

第八个方面是维护粮食安全。粮食安全是实现我国经济发展、社会稳定和国家安全的重要基础。

第九个方面是维护文化安全。文化是人民的精神家园，文化安全是国家安全的重要组成部分。

第十个方面是维护科技安全。科学技术是第一生产力,科技安全是维护国家安全的重要方面之一。

第十一个方面是维护网络信息安全。网络和信息安全牵涉国家安全和社会稳定,确保网络信息安全是维护国家安全和社会安全的重点问题。

第十二个方面是维护民族领域国家安全。我国是一个统一的多民族国家,民族问题与民族工作对维护国家统一和国家安全始终具有重大意义。

第十三个方面是维护宗教领域国家安全。能否处理好宗教问题、做好宗教安全工作,关系社会和谐和国家长治久安。

第十四个方面是防范和处置恐怖主义、极端主义。随着国际恐怖活动愈演愈烈,我国面临恐怖威胁的风险正在增高,对国家安全造成极大的威胁,加强防范和处置恐怖主义、极端主义已经成为国家安全保障中的重要内容。

第十五个方面是维护社会安全。当前我国正处于社会转型的特殊历史时期,社会安全已成为我国总体国家安全的重要因素,维护社会安全是维护国家安全的应有之义。

第十六个方面是维护生态安全。生态安全是人类生产、生活并保持健康的自然调节基础,生态安全是国家安全和社会稳定的重要组成部分。

第十七个方面是维护核安全。核安全关系经济社会发展全局和人民群众的切身利益,是全民关注的重大问题。

第十八个方面是维护新型领域安全。外层空间、国际海底区域和极地等新型领域对国家安全的重要性,已经成为世界各国共识,是维护国家安全的“战略新疆域”。

第十九个方面是维护海外利益安全。保护我国海外利益是保护我国国家利益的重要组成部分，近年来我国海外利益遭受威胁的事件时有发生，维护我国海外利益安全已成为维护我国国家安全的重要组成。

▶ 7. 政治安全为什么处于维护国家安全的首位？

国家安全是指国家政权、主权、统一和领土完整、人民福祉、经济社会可持续发展和国家其他重大利益相对处于没有危险和不受内外威胁的状态，以及保障持续安全状态的能力。政治安全是指国家主权、政权、政治制度以及意识形态等方面免受威胁、侵犯、颠覆的客观状态。可见，政治安全是国家安全的一部分，且位于国家安全的首位。

首先，政治安全是国家安全的根本，事关国家兴衰。《中华人民共和国国家安全法》第 15 条规定了我国维护政治安全的主要任务，旨在坚持党的领导和维护社会主义制度、政治制度模式，保持执政党的纯洁性和先进性，增强国家基本制度的生机和活力，为维护国家安全提供坚实有力的政治保障。可见，维护政治安全就是坚持党的领导、维护我国的社会主义制度、维护我国的基本制度。维护政治安全就是维护我国的根本政治制度，为此，维护国家安全要把确保政治安全放在首位。

其次，政治安全位于国家安全首位是其他方面的国家安全的要求。我国的国家安全不仅包括政治安全，而且包括其他各类安全，如经济安全、生态安全、科技安全等。政治安全决定和影响着国家的其他安全，只有维护政治安全，创造和谐稳定的国内政治环境，才有可能保障其他方面的国家安全。因此，政治安全位于国家安全首位是其他方面的国家安全的要求。

▶ 8. 维护资源能源安全的主要任务是什么？

《中华人民共和国国家安全法》第 21 条规定了维护资源能源安全的主要任务，其总体上要求合理利用和保护资源能源，保障经济社会发展所需的资源能源持续、可靠和有效供给，并从开发、储备、运输、国际合作和应急保障五个方面提出了具体要求。具体包括：

其一，有效管控战略资源能源的开发。维护资源能源安全应当开源与节流并进，资源能源安全从源头看，就是在开发上要“以我为主”，加大国内资源能源勘探开发，减少对外依存度。同时，为了有效管控资源能源的开发，我国一些法律法规对资源能源开发的规划、计划提出明确要求，如《中华人民共和国煤炭法》《中华人民共和国森林法》等，《中华人民共和国国家安全法》则作出总体性的要求。此外，国家开发资源能源还要坚持多元发展的原则，着力提高清洁能源和非化石能源比重，加快优化能源生产和消费结构。

其二，加强战略资源能源储备。实行战略资源储备和能源储备，是确保资源能源安全，保障突发情况下资源能源有效应急供给的重要措施。我国国家能源局对外公布的《中华人民共和国能源法（征求意见稿）》第 6 条就提出建立和完善安全能源储备制度。

其三，完善资源能源运输战略通道建设和安全保护措施。由于我国能源分布不均，煤炭储量大多集中于华北和西北地区，可开发水能资源集中于多高山峡谷的西南地区，天然气资源则大部分储藏于塔里木盆地和四川盆地。但全国 2/3 的能源消费却位于东部地区，能源分布与能源消费之间存在空间错位。维护资源能源安全，需要我国完善资源能源运输战略通道建设以及安全保护措施。

其四,加强国际资源能源合作。随着全球化不断深入,我国在资源能源发展方面与世界的联系日益紧密,世界一体化进程也决定了我国能源资源的使用离不开国际合作。因此,立足自身供给,开展国际合作,是保证国家资源能源安全的两个方面。

其五,全面提升应急保障能力,健全资源能源应急组织系统,明确政府及各类社会主体的应急责任和义务。

▶ 9. 维护文化安全的主要任务是什么?

《中华人民共和国国家安全法》第 23 条对我国维护文化安全的主要任务作出了具体规定:

其一,坚持社会主义先进文化前进方向。坚持中国特色社会主义文化发展道路与坚持社会主义先进文化前进方向是统一体,建设社会主义文化强国,必须坚持社会主义先进文化前进方向,坚持中国特色社会主义发展道路。

其二,继承和弘扬中华民族优秀传统文化。大力发展社会主义先进文化,不断增强中华文化国际影响力。中华文化,是对我国五千年文明发展形成的文化的整体概括,既包括中华优秀传统文化,又包括中国先进文化即社会主义先进文化。继承和弘扬中华民族传统优秀文化,要全面认识祖国传统文化,取其精华、去其糟粕,古为今用、推陈出新,坚持保护利用、普及弘扬并重,使优秀传统文化成为新时代鼓舞人民前进的精神力量。

其三,培育和践行社会主义核心价值观。社会主义核心价值观是社会主义核心价值体系的内涵,体现了社会主义核心价值体系的根本性质和基本特征,反映了社会主义核心价值体系的丰富内涵和实践要求,是社会主义核心价值体系的高度凝练和集中表达。培育和践行社会主义核心价值观,要注重宣传教育、示范引领、实践养成相统一,注重政策保障,制度规范,法律约束相衔接,使社会主义核心价值观融入人民生产生活和精神世界。

其四,防范和抵制不良文化的影响。近年来,我国加大文化建设力度,国家文化安全总体态势良好。但也要看到,一些不良文化也在试图侵蚀我国社会主义先进文化和民族优秀文化,需要及时对其采取措施加以防范和制止。

其五,掌握意识形态领域主导权。我们党始终坚持和巩固马克思主义在意识形态领域的指导地位。加强意识形态领域文化管理,要求我们把握舆论导向、加强和改进思想政治工作、加强网络社会管理、加快建立管理体制。

▶ *10. 维护网络安全的主要任务是什么?*

《中华人民共和国国家安全法》第 25 条对我国维护网络安全的主要任务提出了具体要求:

其一,建设网络与信息安全保障体系,提升网络和信息安全保护能力。建设国家安全信息保障体系,提升网络与信息安全保障和监管能力,是加强网络安全保护的重要内容和总体要求。建设国家安全信息保障体系要求建立和完善信息安全等级保护制度、加强密码技术的开发利用、建设网络信任体系、建设信息安全风险评估机制以及建设和完善信息安全监管体系。提升网络与信息安全保护能力则要求大力增强国家信息安全保障能力，加快信息安全人才培养，提高信息安全的法律保障能力、基础支撑能力、网络舆论宣传的驾驭能力和我国在国际信息安全领域的影响力。

其二，加强网络和信息技术的创新研究和开发应用，实现网络和信息核心技术等方面的安全可控。核心技术和关键装备领域尚未完全实现国产化，是目前我国在网络和信息安全领域面临的现实威胁之一。如果技术和设备受制于人，那么安全可控就无法保证。我国要加强网络和信息技术的创新研究和开发应用，最终实现网络和信息核心技术，关键基础设施和重要领域信息系统及数据的安全可控。

其三，加强网络管理，打击网络犯罪。鉴于网络犯罪对国家安全与网络安全的现实危害性，维护网络安全应当加强管理并防止、制止和依法惩治网络犯罪。

其四，维护国家网络空间主权。维护网络信息安全的最终目标就是维护网络空间主权、安全和发展利益。网络空间主权是国家主权的重要组成部分，是国家主权在网络空间的体现和延伸。互联网是国家的重要基础设施，对于在我国主权管辖范围内的互联网，我国的网络主权必须得到尊重和维护。

▶ *11.* 我国应如何面对影响国家安全的国际因素？

总体国家安全观分析了当前可能影响我国国家安全的国际因素，其中包括全球经济发展动力不足，局部冲突和动荡频繁，全球性挑战日益增多，国际形势的不稳定性、不确定性上升等。面对可能影响国家安全的国际因素，我国应当从以下几个方面加以防控。

第一,维护党的领导和执政地位,维护中国特色社会主义制度,把国家利益至上作为准则。《中共中央关于党的百年奋斗重大成就和历史经验的决议》指出,党的领导是党和国家的根本所在、命脉所在,是全国各族人民的利益所系、命运所系。面对复杂的国际形势以及多变的国际因素,只有坚持我国国家安全的根本,才能确保国家安全不受国际因素的威胁。

第二,全面评估国际安全形势,制定并完善国家安全战略。由于国际形势的复杂性,影响国家安全的国际因素总是处于变化之中,但其变化并非无迹可寻。因此,《中华人民共和国国家安全法》第 6 条规定,国家制定并不断完善国家安全战略,全面评估国际、国内安全形势,明确国家安全战略的指导方针、中长期目标、重点领域的国家安全政策、工作任务和措施。如此才能确保变化的国际因素不影响我国的国家安全。

第三,积极同外国政府和国际组织开展交流合作。影响国家安全的国际因素与国际社会中的每一个成员都息息相关,尤其是诸多全球性问题。《中华人民共和国国家安全法》第 10 条规定,维护国家安全,应当坚持互信、互利、平等、协作,积极同外国政府和国际组织开展安全交流合作,履行国际安全义务,促进共同安全,维护世界和平。

▶ *12*. 我国主要的国家安全机制包括哪些?

依据《中华人民共和国国家安全法》第 5 条和第四章国家安全制度的规定,我国国家安全机制主要包括:

第一,国家安全一般机制。其中包括:中央国家安全领导机构负责国家安全工作的决策和议事协调,研究制定、指导实施国家安全战略和有关重大方针政策，统筹协调国家安全重大事项和重要工作，推动国家安全法治建设；国家安全重点领域工作协调机制，统筹协调中央有关职能部门推进相关工作；国家安全工作督促检查和责任追究机制，确保国家安全战略和重大部署贯彻落实；跨部门会商工作机制，就维护国家安全工作的重大事项进行会商研判，提出意见和建议；中央与地方之间、部门之间、军地之间以及地区之间关于国家安全的协同联动机制；国家安全决策咨询机制，组织专家和有关方面开展对国家安全形势的分析研判，推进国家安全的科学决策。

第二，国家安全情报信息机制。其中包括情报信息收集、研判和使用制度，建立情报信息工作协调机制，实现情报信息的及时收集、准确研判、有效使用和共享。

第三，国家安全风险预防、评估和预警机制。其中包括国家安全风险评估机制，定期开展各领域国家安全风险调查评估；国家安全风险监测预警制度，根据国家安全风险程度，及时发布相应风险预警。

第四，国家安全审查和监管的制度机制，对影响或者可能影响国家安全的外商投资、特定物项和关键技术、网络信息技术产品和服务、涉及国家安全事项的建设项目，以及其他重大事项和活动，进行国家安全审查，有效预防和化解国家安全风险。

第五，国家安全危机管控机制，其中包括主体、措施、信息报告以及善后机制。首先，宣布进入紧急状态、战争状态或者进行全国总动员或局部总动员的主体为全国人民代表大会或国务院；其次，履行国家安全危机相关职责有权采取限制性措施，以及该限制性措施应当最大限度保护公民、组织权益；再次，规定了国家安全危机的信息报告和发布机制，将有关国家安全危机的信息统一向社会发布；最后，规定了解除管控后的善后。

▶ 13. 报告危害国家安全事件有什么要求?

《中华人民共和国国家安全法》第 58 条对我国报告危害国家安全事件作出了具体规定:

对可能即将发生或者已经发生的危害国家安全的事件,县级以上地方人民政府及其有关主管部门应当立即按照规定向上一级人民政府及其有关主管部门报告,必要时可以越级上报。这有利于后者迅速掌握情况,并进行综合研判、全面部署、高效决策,最大限度地降低这些事件的现实危害和影响。

第二类事件,已经发生的情况紧急的危害国家安全的事件。对于这类事件组织处置工作的人民政府及其有关部门可以边处置边迅速上报。必要时,即事态特别紧急严重时,可以越级上报。

除此以外,依据《中华人民共和国国家安全法》第 77 条第 1 款第 2 项的规定,我国公民和组织承担及时报告危害国家安全活动的线索的义务。我国公民和组织虽然不承担具体的职责,但仍然承担报告危害国家安全活动的线索的义务。鉴于危害国家安全活动通常具有隐蔽性,以法律义务动员我国公民和组织报告危害国家安全事件的相关线索,有利于我国相关部门发现危害国家安全事件。

▶ 14. 国家安全审查和监管制度的主要内容是什么?

《中华人民共和国国家安全法》第 59 条对我国国家安全审查和监管的制度和机制的范围作出了具体规定,其中包括:

第一,外商投资。我国较早重视对外资项目进行国家安全审查,建立了外资并购安全审查制度。我国外商投资国家安全审查总的原则是,对影响或者可能影响国家安全的外商投资进行审查。

第二,特定物项和关键技术。进出口管制是国家安全体系的重要一环。为了维护国家安全,法律、行政法规和部门规章对特定物项和关键技术的进出口作了规定,实行严格的管理措施。同时,出口管制是维护国家安全、反恐防暴、履行不扩散核武器的国际义务、保护重要战略稀缺资源和保持关键领域技术领先的重要手段。我国早在20世纪90年代中期,就已经开始逐步建立出口管理体系,进行严格的管制或管理。

第三,网络信息技术产品和服务。2014年5月,国家互联网信息办公室宣布,为维护国家网络安全,保障中国用户合法利益,我国拟推出网络安全审查制度,对关系国家安全和公共利益的系统使用的重要技术产品和服务,应通过网络安全审查。

第四,涉及国家安全事项的建设项目。国家安全机关依法对新建、改建、扩建的涉及国家安全事项的建设项目实施审批、监督管理。

第五,其他重大事项和活动。此为兜底条款,用以补充《中华人民共和国国家安全法》未列明而确有必要进行国家安全审查的重大事项和活动,为随着经济社会发展和维护国家安全利益的需要而建立新的审查制度提供法律支撑。

▶ *15. 发生危及国家安全的特别重大事件,国家可以决定进入哪些非常状态?作出决定的主体、权限是什么?*

根据《中华人民共和国国家安全法》第64条的规定,发生危及国家安全的特别重大事件时，国家可以决定进入 3 种状态，包括紧急状态、战争状态、国防动员。

紧急状态是指发生或者即将发生特别重大突发事件，需要国家机关行使紧急权力予以控制，消除其社会危害或者威胁时，有关国家机关依照宪法、法律规定的权限决定并宣布局部地区或者全国实行的一种临时性严重危机状态。

战争状态是指国家遭受武装侵犯或者必须履行国际间共同防止侵略的条约时，全国人大或全国人大常委会依据宪法授权，将国家由平时状态转为一种战斗状态。

国防动员是指国家的主权、统一、领土完整和安全遭受威胁时，国家机关依照宪法和有关法律规定决定全国总动员或局部动员的情况。

全国人大作为我国的最高国家权力机关，其具有宣布国家进入战争状态的权力。根据《中华人民共和国宪法》第 62 条第 15 项的规定，其有权决定战争和和平的问题，因此，其有权决定我国是否进入战争状态。

全国人大常委会作为全国人大的常设机关，根据《中华人民共和国宪法》第 67 条第 19 ~ 21 项的规定，其有权决定战争状态的宣布、战争状态和国防动员、我国是否进入紧急状态。其中，全国人大常委会决定我国是否进入战争状态的前提为全国人大闭会期间，我国遭受武装侵犯或者必须履行国际间共同防止侵略的条约的情况。依照《中华人民共和国国防动员法》第 8 ~ 9 条的规定，全国人大常委会决定全国总动员或局部动员后，由国家主席发布动员令，国务院与中央军事委员会共同领导国防动员工作。

根据《中华人民共和国宪法》第 89 条第 16 项的规定，国务院有权决定省、自治区、直辖市范围内部分地区进入紧急状态。国务院与全国人大常委会的权限不同，国务院仅有权决定部分地区是否能够进入紧急状态。国务院作为中央人民政府，是最高国家权力机关的执行机关，因此，其在决定是否进入紧急状态时的权限相对较低。

▶ 16. 关于对履行国家安全危机管控职责的有关机关报告和统一发布国家安全危机事件信息有哪些规定？

《中华人民共和国国家安全法》第67条第1款规定，国家健全国家安全危机的信息报告和发布机制。

首先，《中华人民共和国国家安全法》第67条第2款规定了对国家安全危机事件信息进行报告和统一发布的主体为履行国家安全危机管控职责的有关机关。由于履行国家安全危机管控职责的有关机关依法采取处置国家安全危机的管控措施，对国家安全危机事件的情况最了解，因此，由履行国家安全危机管控职责的有关机关承担报告和统一发布的职责。

其次，《中华人民共和国国家安全法》第67条第2款规定了有关机关报告和统一发布的信息内容，包括有关国家安全危机事件发生、发展、管控处置及善后情况。依照《中华人民共和国国家安全法》第66条的规定，有关机关所采取的措施应当与国家安全危机可能造成的危害的性质、程度和范围相适应。因此，有必要将有关机关所采取的管控处置措施向社会公布，确保有关机关采取的措施与国家安全危机相适应。除此以外，《中华人民共和国国家安全法》第68条规定，国家安全威胁和危害得到控制或者消除后，应当及时解除管控处置措施，做好善后工作。因此,同样有必要将善后工作向社会公布,避免因善后不利带来二次危机。

最后,《中华人民共和国国家安全法》第67条第2款规定了有关机关报告的要求:履行国家安全危机管控职责的有关机关,应当按照规定准确、及时报告。国家安全危机事件发生后,应当避免公布不确定信息而给社会带来恐慌情绪,造成社会的不稳定性。有关机关应当按照规定准确、及时地向社会公布信息,确保公布信息的真实性与合法性,使信息报告和发布机制正确运行。

▶ *17*. 关于国家安全宣传教育有什么规定?

《中华人民共和国国家安全法》第76条对国家安全宣传教育作出具体规定,其中包括了:

第一,加强国家安全新闻宣传和舆论引导。要坚持马克思主义新闻观,牢牢把握正确导向,提高国家安全新闻宣传和舆论引导的及时性、权威性和公信力、影响力。新闻宣传和舆论引导要注重解惑,全面、准确、深入地宣传总体国家安全观和《中华人民共和国国家安全法》。

第二,通过多种形式开展国家安全宣传教育活动。加强对全民国家安全教育,要开展多种形式的国家安全宣传活动。一是推动国家安全教育进学校、企业、单位等;二是借助现代媒体,开展宣传教育,引导广大人民群众正确认识国家安全形势;三是各级教育主管部门和公务员主管部门要将国家安全教育纳入国民教育体系和公民教育体系。

第三,将国家安全教育纳入国民教育体系和公务员教育培训体系。国民教育体系,是指由正规学校教育的国家基本教育制度和体系。百年大计，教育为本。为了提高全民的国家安全意识，使全社会树立对国家安全风险挑战的正确认识，提高社会公众自觉维护国家安全和支持配合有关部门开展维护国家安全工作的意识，有必要将国家安全教育纳入国民教育体系，在各阶段的教育过程中纳入国家安全教育内容。除此以外，为了促使公务员在履行职责过程中更好地贯彻维护国家安全的原则，建设高素质的公务员队伍，有必要对公务员进行国家安全教育培训，将国家安全教育纳入公务员教育培训体系，提高公务员履职能力，自觉贯彻维护国家安全的原则。

▶ 18. 公民和组织应当履行哪些维护国家安全的义务？

《中华人民共和国国家安全法》第 77 条规定了公民和组织的 7 项维护国家安全的义务。

第一，公民和组织承担遵守宪法、法律法规关于国家安全的有关规定的义务。其中包括《中华人民共和国宪法》《中华人民共和国国家安全法》《中华人民共和国反间谍法》《中华人民共和国国家情报法》《中华人民共和国保守国家秘密法》《中华人民共和国反恐怖主义法》《中华人民共和国核安全法》《中华人民共和国网络安全法》以及其他法律法规中有关国家安全的其他规定。

第二，公民和组织承担及时报告的义务。《中华人民共和国国家安全法》第 77 条第 1 款第 2 项规定公民和组织具有及时报告危害国家安全活动的线索的义务，确保我国履行维护国家安全职责的有关机关能够及时采取行动。

第三，公民和组织承担如实提供所知悉的涉及危害国家安全活动的证据的义务。当公民和组织发现有关危害国家安全活动的证据时，须承担提供证据的义务，以便履行职责的有关机关查明危害国家安全的活动。

第四，公民和组织承担为国家安全工作提供便利条件或者其他协助的义务。当公民和组织能够为国家安全工作提供便利条件或其他协助时，其应当这么做。

第五，公民和组织承担向国家安全机关、公安机关和有关军事机关提供必要的支持和协助的义务。与第 4 项不同，本项法律义务是一项特定义务，表现为上述机关依法赋予公民和组织的特定任务，接受任务的公民和组织必须要认真履行。

第六，公民和组织承担保守所知悉的国家秘密的义务。国家秘密，是指关系国家安全和利益，依照法定程序确定，在一定时间内只限一定范围的人员知悉的事项。由于国家秘密涉及国家安全和利益，因此，公民应当保守国家秘密。

第七，公民和组织承担法律、行政法规规定的其他义务。这一项强调了公民和组织在维护国家安全方面具有广泛的法律义务，必须以高度的责任心来认真履行。

▶ 19. 关于对公民和组织支持、协助国家安全工作导致财产损失、人身伤害或者死亡的补偿、抚恤优待有哪些规定？

《中华人民共和国国家安全法》第 81 条是关于补偿和抚恤优待的规定，以对个人和组织积极履行维护国家安全义务的行为给予法律上的保障。该条可划分为两个部分：其一，对造成经济损失的，给予补偿；其二，对造成人身伤害或死亡的，给予抚恤优待。

第一部分,对公民和组织因支持、协助国家安全工作导致财产损失的,按照国家有关规定给予补偿。《中华人民共和国宪法》第13条第1款规定,公民的合法的私有财产不受侵犯。《中华人民共和国国家安全法》从保护公民权利的角度出发,进一步明确规定了公民和组织因支持、协助国家安全工作导致财产损失的,有按照国家有关规定获得补偿的权利。因此我国其他法律对于公民因支持、协助国家安全工作导致财产损失给予相应补偿作出了更为具体的规定,如《中华人民共和国国防动员法》《中华人民共和国人民武装警察法》《中华人民共和国反间谍法》等。

第二部分,对公民和组织因支持、协助国家安全工作造成人身伤害或者死亡的,按照国家有关规定给予抚恤优待。对于从事国家安全相关工作的国家机关工作人员和军人的抚恤优待,我国法律作了明确规定,如《中华人民共和国人民警察法》《人民警察抚恤优待办法》《军人抚恤优待条例》等。除了人民警察与军人外,涉及国家安全某些领域的法律也对一般公民因支持、协助相关工作造成人身伤害或死亡的抚恤优待作了相关规定。《中华人民共和国国家安全法》进一步明确,只要是公民和组织因支持、协助国家安全工作造成人身伤害或者死亡的,都应当按照国家有关规定给予抚恤优待。民政部2013年修订了《伤残抚恤管理办法》对一般公民的抚恤优待作出了具体规定;《烈士褒扬条例》则对公民牺牲符合特定情形时,可以被评定为烈士作出了具体规定。

第二章　反分裂国家法知识

▶ 1. 什么是一个中国原则？

一个中国原则，是指"世界上只有一个中国，台湾是中国的一部分。中华人民共和国是代表全中国的唯一合法政府"。① 一个中国原则是国际社会的普遍共识，是联合国大会第 2758 号决议确认的国际关系准则。② 它是在中国人民捍卫中国主权和领土完整的正义斗争中形成的，具有不可动摇的事实和法理基础。这个原则是我国政府开展外交工作的基本原则，也是实现和平统一的基础和前提。70 多年来，中国政府都始终坚持这一原则，并以此原则与世界各国及国际性组织发展关系。

1995 年 1 月 30 日，时任中共中央总书记江泽民根据国际国内形势和两岸关系发展状况，代表中国共产党和中国政府发表了题为《为促进祖国统一大业的完成而继续奋斗》的讲话，对现阶段发展两岸关系、推动祖

---

① 中共中央文献研究室编：《一国两制重要文献选编》，中央文献出版社 1997 年版，第 267 页。

② 参见《联合国 2758 号决议（1971 年 10 月 25 日）》，载中国政府网，http://www.gov.cn/test/2006-02/28/content_213294.htm。

国和平统一进程系统地提出了八项主张。他指出:“坚持一个中国的原则,是实现和平统一的基础和前提。中国的主权和领土决不容许分割。”①2005年3月4日,时任中共中央总书记胡锦涛在参加全国政协十届三次会议民革、台盟、台联界委员联组讨论时,发表了《坚持一个中国原则,促进祖国统一大业》的讲话,就台湾问题提出4点意见:(1)一个中国原则决不动摇;(2)争取和平统一的努力决不放弃;(3)贯彻寄希望于台湾人民的方针决不改变;(4)反对“台独”分裂活动决不妥协。2019年1月2日,习近平总书记在《告台湾同胞书》发表40周年纪念会上发表重要讲话时指出:“坚持一个中国原则,维护和平统一前景。尽管海峡两岸尚未完全统一,但中国主权和领土从未分割,大陆和台湾同属一个中国的事实从未改变。一个中国原则是两岸关系的政治基础。坚持一个中国原则,两岸关系就能改善和发展,台湾同胞就能受益。背离一个中国原则,就会导致两岸关系紧张动荡,损害台湾同胞切身利益。”②习近平总书记强调:“世界上只有一个中国,坚持一个中国原则是公认的国际关系准则,是国际社会普遍共识。国际社会广泛理解和支持中国人民反对‘台独’分裂活动、争取完成国家统一的正义事业。中国政府对此表示赞赏和感谢。中国人的事要由中国人来决定。台湾问题是中国的内政,事关中国核心利益和中国人民民族感情,不容任何外来干涉。”③2005年3月颁布的《反分裂国家法》,更以法律的形式明确了一个中国原则。《反分

---

① 江泽民:《为促进祖国统一大业的完成而继续奋斗》,载中华人民共和国商务部网,http://tga. mofcom. gov. cn/article/ls/jingmaofagui/200712/20071205294701. shtml。

② 《习近平:为实现民族伟大复兴　推进祖国和平统一而共同奋斗——在〈告台湾同胞书〉发表40周年纪念会上的讲话》,载《人民日报》2019年1月3日,第2版。

③ 《习近平:为实现民族伟大复兴　推进祖国和平统一而共同奋斗——在〈告台湾同胞书〉发表40周年纪念会上的讲话》,载《人民日报》2019年1月3日,第2版。

裂国家法》第 2 条规定:“世界上只有一个中国,大陆和台湾同属一个中国,中国的主权和领土完整不容分割。维护国家主权和领土完整是包括台湾同胞在内的全中国人民的共同义务。台湾是中国的一部分。国家绝不允许‘台独’分裂势力以任何名义、任何方式把台湾从中国分裂出去。”

▶ 2. 什么是“和平统一、一国两制”基本方针?

“和平统一、一国两制”是中国政府为实现国家和平统一而提出的基本国策。1979 年 1 月,邓小平同志提出了“一国两制”的构想,指出,“只要台湾回归祖国,我们尊重那里的现实和现行制度”。[①] 1982 年五届全国人大五次会议通过的《中华人民共和国宪法》,增加了设立特别行政区的规定,为“一国两制”的实施提供了法律依据。《反分裂国家法》第 5 条也体现了“一国两制”的构想:“坚持一个中国原则,是实现祖国和平统一的基础。以和平方式实现祖国统一,最符合台湾海峡两岸同胞的根本利益。国家以最大的诚意,尽最大的努力,实现和平统一。国家和平统一后,台湾可以实行不同于大陆的制度,高度自治。”

邓小平同志“一国两制”的科学构想是根据中国的实际情况提出来的,从建设中国特色社会主义的总体战略和台湾的历史与现实出发,允许我国台湾地区保留其现有的社会经济制度,在一个国家内实行两种制度长期并存,互补互利,共同发展,共同繁荣;把和平共处的外交原则创造性地运用于解决中国的统一问题。实行“和平统一、一国两制”,有利于祖国统一和民族复兴,有利于世界和平与发展,因而得到海内外广大华人、

① 《和平统一、一国两制》,载中央人民政府网,https://www.gov.cn/guoqing/2017-11/08/content_5238062.htm。

侨胞和世界舆论的普遍理解、支持和赞扬。在“和平统一、一国两制”基本方针和各项政策的推动下，海峡两岸关系有了很大的发展。两岸人民往来以及科技、文化、体育等各个领域的交流蓬勃发展，两岸经济相互促进、互补互利的局面已初步形成。实现祖国统一是历史趋势，是海峡两岸全体中国人民的民心所向。

党的十九届四中全会审议通过的《中共中央关于坚持和完善中国特色社会主义制度　推进国家治理体系和治理能力现代化若干重大问题的决定》，清晰界定了“一国两制”的完整概念，即“一国”是实行“两制”的前提和基础，“两制”从属和派生于“一国”并统一于“一国”之内。这既从制度层面特别是中央对特别行政区实行管治的层面，对推进“一国两制”实践作了系统的制度设计和工作部署，又具体阐述了“一国两制”制度体系建设应该坚持依法治港治澳，维护宪法和基本法确定的宪制秩序，把坚持“一国”原则和尊重“两制”差异、维护中央对特别行政区全面管治权和保障特别行政区高度自治权、发挥祖国内地坚强后盾作用和提高特别行政区自身竞争力结合起来。完善特别行政区同宪法和基本法实施相关的制度和机制，坚持以爱国者为主体的“港人治港”“澳人治澳”，提高特别行政区依法治理能力和水平。这充分体现了习近平新时代中国特色社会主义思想的精神伟力，彰显了中央坚持“一国两制”方针不动摇的坚定决心和战略定力，为新时代坚持和完善“一国两制”制度体系指明了方向。

▶ 3. 为什么制定《反分裂国家法》？

解决台湾问题，完成祖国统一大业，是我们党和国家的三大历史任务之一。长期以来,为了发展台湾海峡两岸关系,促进国家和平统一,我们进行了不懈的努力。但是,近一个时期以来,台湾当局加紧推行“台独”分裂活动。在各种不断升级的“台独”分裂活动中,应引起高度警惕的是,台湾当局妄图利用所谓“宪法”和“法律”形式,通过“公民投票”“宪政改造”等方式,为实现“台独”分裂势力分裂国家的目标提供所谓“法律”支撑,改变大陆和台湾同属一个中国的事实,把台湾从中国分裂出去。事实表明,“台独”分裂势力分裂国家的活动,严重威胁着中国的主权和领土完整,严重破坏和平统一的前景,严重损害中华民族的根本利益,严重威胁着台海地区乃至亚太地区的和平稳定。因此,制定《反分裂国家法》是必要的、适时的。①

《反分裂国家法》的制定也顺应了民心所向。广大干部群众、社会各界人士和海外侨胞要求以法律手段反对和遏制“台独”分裂势力分裂国家的活动、实现祖国统一。在对台立法层面上,全国人大代表和全国政协委员也都提出了诸多对台立法的议案、建议和提案,这足以彰显制定本法符合人民意愿。制定本法的宪法依据在于《中华人民共和国宪法》序言明文规定:“台湾是中华人民共和国的神圣领土的一部分。完成统一祖国的大业是包括台湾同胞在内的全中国人民的神圣职责。”

▶ 4. 在《反分裂国家法》中有哪些维护台海地区和平稳定的措施?

《反分裂国家法》第6条明确了国家可采取的5种维护台海地区和

① 《关于〈反分裂国家法(草案)〉的说明——2005年3月8日在第十届全国人民代表大会第三次会议上》,载中国人大网,http://www.npc.gov.cn/zgrdw/npc/xinwen/lfgz/flca/2005-03/08/content_336128.htm。

平稳定、发展两岸关系的原则性规定。根据《反分裂国家法》第6条的规定，国家采取下列措施，维护台湾海峡地区和平稳定，发展两岸关系：(1)鼓励和推动两岸人员往来，增进了解，增强互信；(2)鼓励和推动两岸经济交流与合作，直接通邮通航通商，密切两岸经济关系，互利互惠；(3)鼓励和推动两岸教育、科技、文化、卫生、体育交流，共同弘扬中华文化的优秀传统；(4)鼓励和推动两岸共同打击犯罪；(5)鼓励和推动有利于维护台湾海峡地区和平稳定、发展两岸关系的其他活动。国家依法保护台湾同胞的权利和利益。

《反分裂国家法》第7条列举了海峡两岸可以进行平等协商和谈判的“六大议题”，表达了国家为实现祖国和平统一的各项努力及步骤和安排。根据《反分裂国家法》第7条的规定，国家主张通过台湾海峡两岸平等的协商和谈判，实现和平统一。协商和谈判可以有步骤、分阶段进行，方式可以灵活多样。台湾海峡两岸可以就下列事项进行协商和谈判：(1)正式结束两岸敌对状态；(2)发展两岸关系的规划；(3)和平统一的步骤和安排；(4)台湾当局的政治地位；(5)台湾地区在国际上与其地位相适应的活动空间；(6)与实现和平统一有关的其他任何问题。

受《反分裂国家法》第6条、第7条之规定和一系列两岸协议的影响，自2008年两会恢复商谈以来，海峡两岸在人员往来、经济交流与合作、投资贸易、交通运输、科教文卫等方面都取得了长足的发展。例如，2010年签订的《海峡两岸经济合作框架协议》(Economic Cooperation Framework Agreement，ECFA)主要内容包括货物贸易和服务贸易的市场开放、原产地规则、早期收获计划、贸易救济、争端解决、投资和经济合作等。

在共同打击犯罪方面，海峡两岸双方于2009年4月26日签署了《海峡两岸共同打击犯罪及司法互助协议》，海峡两岸就共同打击犯罪、送达文书、调查取证、认可及执行民事裁判与仲裁裁决(仲裁判断)、移管(接返)被判刑人等方面达成合作意向。可以说,《海峡两岸共同打击犯罪及司法互助协议》是《反分裂国家法》第6条第1款第4项规定的细化和具体表现形式。

总之,《反分裂国家法》是海峡两岸关系走向和平发展的制度供给之源,其有效保障了两岸关系朝着正确的方向发展。

▶ 5. 哪种情况下会采取非和平方式制止"台独"分裂势力分裂国家?

《反分裂国家法》第8条、第9条是国家采取非和平方式及其他必要措施的基本法律依据,也是最集中、最直接规定采取非和平方式及其他必要措施的法律规范。

《反分裂国家法》第8条第1款规定了国家得采取非和平方式及其他必要措施的3种情形。第一种情形是指"'台独'分裂势力以任何名义、任何方式造成台湾从中国分裂出去的事实"。第二种情形是指"发生将会导致台湾从中国分裂出去的重大事变"。第三种情形是指"和平统一的可能性完全丧失"。上述3种情形属于并列关系,也就是3种情形中的任一情形发生时,即可触发《反分裂国家法》第8条的实施。

当发生《反分裂国家法》第8条第1款列明的3种情形时,并非直接产生国家采取非和平方式及其他必要措施的法律后果,还需经过相关法定程序。也就是《反分裂国家法》第8条第2款规定的"依照前款规定采取非和平方式及其他必要措施,由国务院、中央军事委员会决定和组织实施,并及时向全国人民代表大会常务委员会报告"。

《反分裂国家法》第 9 条强调的是在以非和平方式及其他必要措施实现祖国统一的情形下，对台湾平民和在台湾的外国人的权利和正当利益予以最大可能的保护。《反分裂国家法》第 9 条规定："依照本法规定采取非和平方式及其他必要措施并组织实施时，国家尽最大可能保护台湾平民和在台湾的外国人的生命财产安全和其他正当权益，减少损失；同时，国家依法保护台湾同胞在中国其他地区的权利和利益。"这表明我国明确坚持人道主义原则，国家在特定形势下仍对台湾地区人权保障的重视与关注的基本立场，也充分说明《反分裂国家法》打击、制裁的是少数"台独"势力，并不是针对广大台湾同胞。

▶ 6. 根据《告台湾同胞书》，新时代如何推进祖国和平统一进程？

新时代是中华民族大发展大作为的时代，习近平总书记在《告台湾同胞书》发表 40 周年纪念会上发表重要讲话，提出新时代推进祖国和平统一进程的五项具体政策主张。

第一，携手推动民族复兴，实现和平统一目标。第二，探索"两制"台湾方案，丰富和平统一实践。第三，坚持一个中国原则，维护和平统一前景。第四，深化两岸融合发展，夯实和平统一基础。第五，实现同胞心灵契合，增进和平统一认同。①

---

① 《习近平：为实现民族伟大复兴　推进祖国和平统一而共同奋斗——在〈告台湾同胞书〉发表 40 周年纪念会上的讲话》，载《人民日报》2019 年 1 月 3 日，第 2 版。

第三章　香港特别行政区维护国家安全法知识

▶ 1. 为什么制定《中华人民共和国香港特别行政区维护国家安全法》？

香港回归以来，国家坚定贯彻“一国两制”、“港人治港”、高度自治的方针。“一国两制”这一成功的中国伟大实践在香港取得卓越成果，赢得巨大成就，同时也遇到了一些新情况、新问题，面临着新的风险和挑战。近年来，一些外国和境外势力公然干预香港事务，通过立法、行政、非政府组织等多种方式进行插手，利用香港从事危害我国国家安全的活动。这些行为和活动，严重挑战“一国两制”原则底线，严重损害法治，严重危害国家主权、安全、发展利益，必须采取有力措施依法予以防范、制止和惩治。

为维护香港社会秩序稳定和法律有效地运行，《中华人民共和国香港特别行政区基本法》第23条规定：“香港特别行政区应自行立法禁止任何叛国、分裂国家、煽动叛乱、颠覆中央人民政府及窃取国家机密的行为，禁止外国的政治性组织或团体在香港特别行政区进行政治活动，禁止香港特别行政区的政治性组织或团体与外国的政治性组织或团体建立联系。”这一规定充分彰显了国家对香港特别行政区的信任，与此同时也强调了香港特别行政区负有维护国家安全的宪制责任和立法义务。

香港现行法律中一些源于回归之前、本来可以用于维护国家安全的有关规定，长期处于“休眠”状态。除了法律制度外，香港特别行政区在维护国家安全的机构设置、力量配备和执法权力等方面存在明显缺失，有关执法工作需要加强；香港社会需要大力开展维护国家安全的教育，普遍增强维护国家安全的意识。总的来看，《中华人民共和国香港特别行政区基本法》明确规定的第23条立法有被长期“搁置”的风险，香港特别行政区现行法律的有关规定难以有效执行，维护国家安全的法律制度和执行机制都明显存在不健全、不适应、不符合的“短板”问题，保持香港长期繁荣稳定、维护国家安全面临着不容忽视的风险。

党的十九届四中全会明确提出：“建立健全特别行政区维护国家安全的法律制度和执行机制，支持特别行政区强化执法力量。”“绝不容忍任何挑战‘一国两制’底线的行为，绝不容忍任何分裂国家的行为。”贯彻落实党中央决策部署，必须从国家层面建立健全香港特别行政区维护国家安全的法律制度和执行机制，改变香港特别行政区国家安全领域长期“不设防”状况，在宪法和香港基本法的轨道上推进维护国家安全制度建设，加强维护国家安全工作，确保香港“一国两制”事业行稳致远。①

---

① 《关于〈全国人民代表大会关于建立健全香港特别行政区维护国家安全的法律制度和执行机制的决定（草案）〉的说明》，载中国政府网，https://www.gov.cn/xinwen/2020-05/28/content_5515771.htm。

▶ 2.《中华人民共和国香港特别行政区维护国家安全法》是如何制定的?

《中华人民共和国香港特别行政区维护国家安全法》采取了先由全国人大作出立法决定,再授权全国人大常委会具体制定法律的形式,表明这一法律具有很高的权威性和法律位阶,充分体现国家意志。

2020年5月28日,十三届全国人大三次会议通过《全国人民代表大会关于建立健全香港特别行政区维护国家安全的法律制度和执行机制的决定》,阐明了从国家层面建立健全香港特别行政区维护国家安全的法律制度和执行机制的必要性和重要性,提出了立法的总体要求和基本原则,明确了授权全国人大常委会立法的主要内容。全国人大常委会随即进入了起草、审议法律草案阶段。鉴于国家安全立法的特殊性,在法律文本形成和审议过程中,全国人大常委会通过多种渠道和形式来听取、征求意见,特别是听取香港特别行政区有关人士的意见,包括行政长官,立法会主席,相关部门主要官员,建制派代表人士,香港特别行政区人大代表、政协委员以及法律、经济、教育、工商等各界人士的意见。同时也听取了党中央有关机关,省、市、自治区及专家学者的意见。全国人大常委会审议有关法律草案时,可以根据不同情况分别采用三审、两审或一审三种方式。根据《中华人民共和国立法法》第33条的规定,列入常务委员会会议议程的法律案,各方面意见比较一致的,可以经两次常务委员会会议审议后交付表决。因此,十三届全国人大常委会第十九次、第二十次会议在经过初审、二审两读并取得高度一致的情况下,最终全票通过了《中华人民共和国香港特别行政区维护国家安全法》。

在《中华人民共和国香港特别行政区维护国家安全法》通过的同日，全国人大常委会依据《中华人民共和国香港特别行政区基本法》第 18 条的规定，决定将该法列入《中华人民共和国香港特别行政区基本法》附件三，作为在香港特别行政区适用的全国性法律，经香港特别行政区在当地公布后立即实施，从而最终完成了《中华人民共和国香港特别行政区维护国家安全法》制定、生效的全部程序。

▶ 3. 香港特别行政区如何履行维护国家安全的职责？

香港特别行政区履行维护国家安全的职责，包括以下三个方面的内容：

第一，香港特别行政区本身要依法维护国家安全。这在全国人大的决定中，在《中华人民共和国香港特别行政区维护国家安全法》中都是非常明确的，这是一个宪制责任。香港特别行政区行政机关、立法机关、司法机关都要依据该法和其他有关法律的规定来履行维护国家安全的职责，香港特别行政区本身负主要责任。

《中华人民共和国香港特别行政区维护国家安全法》第 1 条明确了该法的三个功能，即防范、制止和惩治与香港特别行政区有关的分裂国家、颠覆国家政权、组织实施恐怖活动和勾结外国或者境外势力危害国家安全等犯罪。

防范，是指采取事先的措施，防止危害国家安全行为和行动的发生，主要针对国家安全观念和制度建设的漏洞。在国家安全观念方面，《中华人民共和国香港特别行政区维护国家安全法》第 9 条要求香港特别行政区应当加强维护国家安全和防范恐怖活动的工作。对学校、社会团体、媒体、网络等涉及国家安全的事宜,香港特别行政区政府应当采取必要措施,加强宣传、指导、监督和管理。第 10 条要求香港特别行政区应当通过学校、社会团体、媒体、网络等开展国家安全教育,提高香港特别行政区居民的国家安全意识和守法意识。在制度建设方面,《中华人民共和国香港特别行政区维护国家安全法》第 12 条要求香港特别行政区设立维护国家安全委员会。这些制度设计和规定都属于防范的功能。

制止,主要是指对正在发生的危害国家安全的行为采取的措施。为了有效制止,《中华人民共和国香港特别行政区维护国家安全法》规定了两个方面内容:一是规定了需要制止的对象,主要体现在《中华人民共和国香港特别行政区维护国家安全法》第 6 条的规定中,即构成危害国家安全罪行的人和组织。二是规定了采取制止措施的组织和具体措施,主要体现在《中华人民共和国香港特别行政区维护国家安全法》第二章“香港特别行政区维护国家安全的职责和机构”中。

惩治,主要指对已经发生危害国家安全的行为追究其刑事责任的措施,包括程序以及罚则。主要体现在《中华人民共和国香港特别行政区维护国家安全法》第三章“罪行和处罚”以及第四章“案件管辖、法律适用和程序”。第三章规定了分裂国家、颠覆国家政权、恐怖活动以及勾结外国或者境外势力危害国家安全的四种罪行以及处罚。这四类罪行的构成要件明确、界限清晰、处罚得当,体现了罪刑相适应原则。同时,也规定了案件管辖、法律适用和程序,包括特别的检控措施以及审判组织等。

第二,在香港特别行政区维护国家安全。中央人民政府在香港特别行政区设立维护国家安全的机构,也就是中央人民政府驻香港特别行政区维护国家安全公署。该公署人员由中央人民政府维护国家安全的有关机关联合派出。因此,在香港特别行政区维护的国家安全不局限于香港特别行政区的安全。

第三，对于与香港特别行政区有关的国家安全事务，中央人民政府负有根本责任。这个根本责任是最高责任、最终责任以及全面的责任。这一层面也超出了上述两个层面的含义，因此，对“香港特别行政区如何履行维护国家安全的职责”这个问题应该作广义的理解。

▶ 4.《中华人民共和国香港特别行政区维护国家安全法》的执法机构是如何安排的？

《中华人民共和国香港特别行政区维护国家安全法》设立了两个重要机构：一个是中央人民政府驻香港特别行政区维护国家安全公署，另一个是香港特别行政区维护国家安全委员会。

第一，中央人民政府驻香港特别行政区维护国家安全公署依法履行维护国家安全职责，行使相关权力。

中央人民政府驻香港特别行政区维护国家安全公署主要有四个职责：一是分析研判香港特别行政区维护国家安全形势，就维护国家安全重大战略和重要政策提出意见和建议；二是监督、指导、协调、支持香港特别行政区履行维护国家安全的职责；三是收集分析国家安全情报信息；四是依法办理危害国家安全犯罪案件。

中央人民政府驻香港特别行政区维护国家安全公署和香港特别行政区维护国家安全委员会共同构成在香港维护国家安全的执行机制。它们被《中华人民共和国香港特别行政区维护国家安全法》分别赋予了不同的职责职权。香港特别行政区维护国家安全委员会负责常规案件的一般管辖，中央人民政府驻香港特别行政区维护国家安全公署对特定案件进行直接管辖。如此一来,二者不存在冲突,有利于更好地发挥二者维护国家安全的作用。

第二,香港特别行政区维护国家安全委员会负责香港特别行政区维护国家安全事务,承担维护国家安全的主要责任,并接受中央人民政府的监督和问责。

在人员安排上,香港特别行政区维护国家安全委员会由行政长官担任主席,成员包括政务司长、财政司长、律政司长、保安局局长、警务处处长、该法第16条规定的警务处维护国家安全部门的负责人、入境事务处处长、海关关长和行政长官办公室主任。香港特别行政区维护国家安全委员会下设秘书处,由秘书长领导。秘书长由行政长官提名,报中央人民政府任命。

在机构设置上,一是在香港特别行政区维护国家安全委员会下设立秘书处,由秘书长领导。秘书长由行政长官提名,报中央人民政府任命。二是在香港特别行政区维护国家安全委员会设立国家安全事务顾问,由中央人民政府指派,就香港特别行政区维护国家安全委员会履行职责相关事务提供意见。三是在香港特别行政区政府警务处设立维护国家安全的部门,配备执法力量。四是在香港特别行政区律政司设立专门的国家安全犯罪案件检控部门,负责危害国家安全犯罪案件的检控工作和其他相关法律事务。

▶ 5. 香港特别行政区维护国家安全委员会的主要职责是什么?

根据《中华人民共和国香港特别行政区维护国家安全法》第14条第1款的规定,香港特别行政区维护国家安全委员会的职责有以下三项,一是分析研判香港特别行政区维护国家安全形势，规划有关工作，制定香港特别行政区维护国家安全政策；二是推进香港特别行政区维护国家安全的法律制度和执行机制建设；三是协调香港特别行政区维护国家安全的重点工作和重大行动。

《中华人民共和国香港特别行政区维护国家安全法》第 14 条第 2 款规定了香港特别行政区维护国家安全委员会的工作不受香港特别行政区任何其他机构、组织和个人的干涉，工作信息不予公开。香港特别行政区维护国家安全委员会作出的决定不受司法复核。

▶ 6. 由中央人民政府驻香港特别行政区维护国家安全公署管辖的危害国家安全的犯罪案件包括哪些？

根据《中华人民共和国香港特别行政区维护国家安全法》第 55 条的规定，有以下情形之一的，经香港特别行政区政府或者驻香港特别行政区维护国家安全公署提出，并报中央人民政府批准，由驻香港特别行政区维护国家安全公署对本法规定的危害国家安全犯罪案件行使管辖权：(1)案件涉及外国或者境外势力介入的复杂情况，香港特别行政区管辖确有困难的；(2)出现香港特别行政区政府无法有效执行本法的严重情况的；(3)出现国家安全面临重大现实威胁的情况的。

▶ 7. 哪些行为构成恐怖活动罪？

根据《中华人民共和国香港特别行政区维护国家安全法》第 24 ~ 27 条的规定，下列行为构成恐怖活动罪：(1) 为胁迫中央人民政府、香港特别行政区政府或者国际组织或者威吓公众以图实现政治主张，组织、策划、实施、参与实施或者威胁实施以下造成或者意图造成严重社会危害的恐怖活动：针对人的严重暴力行为；爆炸、纵火或者投放毒害性、放射性、传染病病原体等物质；破坏交通工具、交通设施、电力设备、燃气设备或者其他易燃易爆设备；严重干扰、破坏水、电、燃气、交通、通讯、网络等公共服务和管理的电子控制系统；以其他危险方法严重危害公众健康或者安全。(2)组织、领导恐怖活动组织。(3)为恐怖活动组织、恐怖活动人员、恐怖活动实施提供培训、武器、信息、资金、物资、劳务、运输、技术或者场所等支持、协助、便利，或者制造、非法管有爆炸性、毒害性、放射性、传染病病原体等物质以及以其他形式准备实施恐怖活动的行为。(4)宣扬恐怖主义、煽动实施恐怖活动的行为。

▶ 8. 哪些行为构成勾结外国或者境外势力危害国家安全罪？

根据《中华人民共和国香港特别行政区维护国家安全法》第 29 条的规定，下列行为构成勾结外国或者境外势力危害国家安全罪：为外国或者境外机构、组织、人员窃取、刺探、收买、非法提供涉及国家安全的国家秘密或者情报的；请求外国或者境外机构、组织、人员实施，与外国或者境外机构、组织、人员串谋实施，或者直接或者间接接受外国或者境外机构、组织、人员的指使、控制、资助或者其他形式的支援实施以下行为之一的，均属犯罪：(1)对中华人民共和国发动战争，或者以武力或者武力相威胁，对中华人民共和国主权、统一和领土完整造成严重危害的行为；(2)对香港特别行政区政府或者中央人民政府制定和执行法律、政策进行严重阻挠并可能造成严重后果的行为；(3)对香港特别行政区选举进行操控、破坏并可能造成严重后果的行为；（4）对香港特别行政区或者中华人民共和国进行制裁、封锁或者采取其他敌对行动的行为；（5）通过各种非法方式引发香港特别行政区居民对中央人民政府或者香港特别行政区政府的憎恨并可能造成严重后果的行为。

第四章　反间谍法知识

▶ 1. 为什么要制定《中华人民共和国反间谍法》?

为了防范、制止和惩治间谍行为,维护国家安全,2014 年 11 月 1 日,《中华人民共和国反间谍法》公布施行,该法定义了间谍行为,明确了国家安全机关、公安机关依照法律、行政法规和国家有关规定,履行防范、制止和惩治间谍行为以及间谍行为以外的其他危害国家安全行为的职责,明确了中华人民共和国公民有维护国家的安全、荣誉和利益的义务,明确了一切国家机关和武装力量、各政党和各社会团体及各企业事业组织,都有防范、制止间谍行为,维护国家安全的义务。

制定和实施《中华人民共和国反间谍法》,是以总体国家安全观为指导的,是在新的历史时期维护国家安全的客观要求,是加强隐蔽战线反间防谍斗争的迫切需要,是贯彻党的全面推进依法治国战略决策的重要举措。反间谍斗争是维护国家安全利益、维护社会政治稳定的重要战线。

在我国社会主义建设发展的历程中,间谍与反间谍、情报与反情报的斗争从来没有停止过,任何时候,我们都不能放松警惕。非法获取国家秘密或者情报是间谍行为的重要目的;窃取、刺探、收买是间谍行为的重要手段；利用国家秘密管理上的疏漏和涉密人员的贪欲或者玩忽职守是间谍行为的重要途径。因此，维护国家安全制度建设必须加强国家秘密的源头治理，夯实制度基础，做实、做细国家秘密的安全防范工作，增强责任意识，落实主体责任，保守国家秘密，以有效的法律规范阻断间谍行为。

随着我们国家综合国力的不断增强和国际战略格局的深刻变化，境外间谍情报机关运用人力和技术的各种方法手段，策反发展人员，刺探窃取国家秘密，开展各种渗透破坏活动，对我国国家安全利益造成了危害。在全面深化改革开放的历史条件下，切实加强反间谍斗争十分必要。可以说，《中华人民共和国反间谍法》是新时代深入开展反间谍斗争，有效维护国家安全利益的锐利武器。2023 年 4 月 26 日十四届全国人大常委会第二次会议对其进行修订，自 2023 年 7 月 1 日起施行。

▶ 2. 什么是“间谍行为”？

根据《中华人民共和国反间谍法》第 4 条第 1 款的规定，“间谍行为”主要包括以下行为：(1)间谍组织及其代理人实施或者指使、资助他人实施，或者境内外机构、组织、个人与其相勾结实施的危害中华人民共和国国家安全的活动；(2)参加间谍组织或者接受间谍组织及其代理人的任务，或者投靠间谍组织及其代理人；(3)间谍组织及其代理人以外的其他境外机构、组织、个人实施或者指使、资助他人实施，或者境内机构、组织、个人与其相勾结实施的窃取、刺探、收买、非法提供国家秘密、情报以及其他关系国家安全和利益的文件、数据、资料、物品，或者策动、引诱、胁迫、收买国家工作人员叛变的活动；(4)间谍组织及其代理人实施或者指使、资助他人实施，或者境内外机构、组织、个人与其相勾结实施针对国家机关、涉密单位或者关键信息基础设施等的网络攻击、侵入、干扰、控制、破坏等活动；(5)为敌人指示攻击目标；(6)进行其他间谍活动。

▶ 3. 什么是“间谍组织代理人”？

根据《中华人民共和国反间谍法实施细则》的有关规定，“间谍组织代理人”是指受间谍组织或者其成员的指使、委托、资助，进行或者授意、指使他人进行危害中华人民共和国国家安全活动的人。间谍组织和间谍组织代理人由国务院国家安全主管部门确认。

例如，某国记者虽在组织上不隶属于该国间谍组织的成员，但其接受了该国间谍组织收集情报的任务，在此情况下，该记者可视为间谍组织的代理人。这里的“代理人”既可以是自然人，也可以是法人。接受间谍组织及其代理人的任务，是指行为人受间谍组织(不管其是否正式加入)及其代理人的命令、派遣、指使、委托、资助等为间谍组织服务，进行危害国家安全的活动。

在实践中，境外间谍组织既可能直接在我国境内秘密设立活动网点，直接派遣间谍人员，又可能大量通过境外其他机构如公司、记者站、商会等在我国境内设立分支机构或办事处，安插或委托具有合法身份的人作为其代理人进行活动。接受间谍组织代理人的任务，即便不是直接从间谍组织处受领任务，实际上也与接受间谍组织的任务并无两样，仅多了一个中间环节，这正是间谍活动隐蔽性的体现。

▶ 4. 什么是“资助”和“勾结”实施危害国家安全的间谍行为?

根据《中华人民共和国反间谍法实施细则》第 6 ~ 7 条的规定,总体而言,“资助”是指境外机构、组织、个人的下列行为:(1)向实施间谍行为的组织、个人提供经费、场所和物资的;(2)向组织、个人提供用于实施间谍行为的经费、场所和物资的。“勾结”具体指下列行为:(1)中国公民与境外间谍共同策划实施危害国家安全的间谍活动的;(2)中国公民接受境外间谍的资助或指使,实施危害国家安全的间谍活动的;(3)中国公民与境外间谍取得联系,获取他们的支持和帮助,从而实施危害国家安全的间谍活动的。

▶ 5. 捏造、歪曲事实,发表、散布危害国家安全的文字或者信息的行为是否属于危害国家安全的行为?

捏造、歪曲事实,发表、散布危害国家安全的文字或者信息的行为属于危害国家安全的行为。原因在于捏造、歪曲事实,发表、散布危害国家安全的文字或者信息的行为属于《中华人民共和国反间谍法》中所规定的“间谍行为以外的其他危害国家安全行为”。

根据《中华人民共和国反间谍法实施细则》第 8 条的规定,属于“间谍行为以外的其他危害国家安全行为”主要有:(1)组织、策划、实施分裂国家、破坏国家统一,颠覆国家政权、推翻社会主义制度的;(2)组织、策划、实施危害国家安全的恐怖活动的;(3)捏造、歪曲事实,发表、散布危害国家安全的文字或者信息,或者制作、传播、出版危害国家安全的音像制品或者其他出版物的;(4)利用设立社会团体或者企业事业组织,进行危害国家安全活动的;(5)利用宗教进行危害国家安全活动的;(6)组织、利用邪教进行危害国家安全活动的;(7)制造民族纠纷,煽动民族分裂,危害国家安全的;(8)境外个人违反有关规定,不听劝阻,擅自会见境内有危害国家安全行为或者有危害国家安全行为重大嫌疑的人员的。因此,本问中捏造、歪曲事实,发表、散布危害国家安全的文字或者信息的行为属于该细则规制的“间谍行为以外的其他危害国家安全行为”。

▶ 6. 公民、组织在反间谍工作中享有哪些权利?

根据《中华人民共和国反间谍法》的有关规定,公民和组织在反间谍工作中享有如下权利:第一,个人因支持、协助反间谍工作,本人或者其近亲属的人身安全面临危险的,可以向国家安全机关请求予以保护。第二,国家对支持、协助反间谍工作的个人和组织给予保护。对举报间谍行为或者在反间谍工作中做出重大贡献的个人和组织,按照国家有关规定给予表彰和奖励。第三,个人和组织因支持、协助反间谍工作导致财产损失的,根据国家有关规定给予补偿。第四,对为反间谍工作做出贡献并需要安置的人员,国家给予妥善安置。第五,对因开展反间谍工作或者支持、协助反间谍工作导致伤残或者牺牲、死亡的人员,根据国家有关规定给予相应的抚恤优待。第六,任何个人和组织对国家安全机关及其工作人员超越职权、滥用职权和其他违法的行为,都有权向上级国家安全机关或者监察机关、人民检察院等有关部门检举、控告。受理检举、控告的国家安全机关或者监察机关、人民检察院等有关部门应当及时查清事实,依法处理,并将处理结果及时告知检举人、控告人。第七,对支持、协助国家安全机关工作或者依法检举、控告的个人和组织，任何个人和组织不得压制和打击报复。

例如，2003年，根据群众举报，某市国家安全局将正在某军工造船厂附近进行江面观察、拍摄中国军队在建的新型军舰的童某现场抓获。据童某交代，1992年其被境外间谍组织策反后，按照该间谍组织的指令，多次观察、拍摄我方军事目标。然后将观察到的情况绘制成图案资料，通过电话、传真等方式报告给该间谍组织，从中获取了大量的间谍活动经费。最终，童某因间谍罪被判处有期徒刑13年。因本案举报人对协助反间谍工作有重大贡献，某市国家安全局给予其10,000元的奖励。

▶ 7. 公民、组织、反间谍安全防范重点单位应该履行的反间谍义务有哪些？

根据《中华人民共和国反间谍法》的有关规定，公民和组织在反间谍工作中应当承担以下义务：第一，中华人民共和国公民有维护国家的安全、荣誉和利益的义务，不得有危害国家的安全、荣誉和利益的行为。一切国家机关和武装力量、各政党和各人民团体、企业事业组织和其他社会组织，都有防范、制止间谍行为，维护国家安全的义务。第二，国家机关、人民团体、企业事业组织和其他社会组织承担本单位反间谍安全防范工作的主体责任，落实反间谍安全防范措施，对本单位的人员进行维护国家安全的教育，动员、组织本单位的人员防范、制止间谍行为。第三，新闻、广播、电视、文化、互联网信息服务等单位，应当面向社会有针对性地开展反间谍宣传教育。国家安全机关应当根据反间谍安全防范形势，指导有关单位开展反间谍宣传教育活动，提高防范意识和能力。第四，任何个人和组织都不得非法获取、持有属于国家秘密的文件、数据、资料、物品。第五,任何个人和组织都不得非法生产、销售、持有、使用间谍活动特殊需要的专用间谍器材。第六,任何公民和组织发现间谍行为,应当及时向国家安全机关举报。第七,反间谍安全防范重点单位应当建立反间谍安全防范工作制度,履行反间谍安全防范工作要求,明确内设职能部门和人员承担反间谍安全防范职责。第八,反间谍安全防范重点单位应当加强对工作人员反间谍安全防范的教育和管理,对离岗离职人员脱密期内履行反间谍安全防范义务的情况进行监督检查。第九,反间谍安全防范重点单位应当加强对涉密事项、场所、载体等的日常安全防范管理,采取隔离加固、封闭管理、设置警戒等反间谍物理防范措施。第十,反间谍安全防范重点单位应当按照反间谍技术防范的要求和标准,采取相应的技术措施和其他必要措施,加强对要害部门部位、网络设施、信息系统的反间谍技术防范。

▶ 8. 反间谍工作中依法查封、扣押、冻结的财物可以销毁吗?

反间谍工作中依法查封、扣押、冻结的财物不可以进行销毁,应妥善处理并上缴国库。根据《中华人民共和国反间谍法》第 60 条、第 62 条的规定,对依照该法查封、扣押、冻结的财物,国家安全机关应当妥善保管,并分情况处理:第一,涉嫌犯罪的,依照《中华人民共和国刑事诉讼法》等有关法律的规定处理。第二,尚不构成犯罪,有违法事实的,对依法应当没收的予以没收,依法应当销毁的予以销毁。第三,没有违法事实的,或者与案件无关的,应当解除查封、扣押、冻结,并及时返还相关财物;造成损失的,应当依法赔偿。第四,隐藏、转移、变卖、损毁国家安全机关依法查封、扣押、冻结的财物的，或者明知是间谍活动的涉案财物而窝藏、转移、收购、代为销售或者以其他方法掩饰、隐瞒，构成犯罪的，依法追究刑事责任。

▶ 9. 高校学生应如何增强反间防谍意识？

高校学生应当从以下三个方面来增强反间谍意识：第一，树立"国家安全高于一切"的观念，克服麻痹思想，提高识别能力，在与境外人员接触时严守国家秘密。第二，善于识别各种伪装，及时向国家安全机关、公安机关或高校保卫部门报告。对于收到的策反宣传品要及时主动上交给国家安全机关、公安机关或高校保卫部门，防止不良影响产生和扩散。第三，到境外学习、旅游前，应了解、掌握国家安全知识，提高安全防范意识，自觉维护国家安全，坚决抵制敌对势力的策反、拉拢、威胁、利诱等活动。

▶ 10. 根据《中华人民共和国反间谍法》的相关规定，哪些行为会被追究刑事责任？

根据《中华人民共和国反间谍法》的有关规定，若存在下列行为，将被依法追究刑事责任：第一，实施间谍行为，构成犯罪的；第二，泄露有关反间谍工作的国家秘密；第三，明知他人有间谍犯罪行为，在国家安全机关向其调查有关情况、收集有关证据时，拒绝提供；第四，故意阻碍国家安全机关依法执行任务；第五，隐藏、转移、变卖、损毁国家安全机关依法查封、扣押、冻结的财物；第六，明知是间谍行为的涉案财物而窝藏、转移、收购、代为销售或者以其他方法掩饰、隐瞒；第七，对依法支持、协助国家安全机关工作的个人和组织进行打击报复。

▶ 11. 根据《中华人民共和国反间谍法》的相关规定，哪些行为会受到行政拘留处罚？

根据《中华人民共和国反间谍法》的有关规定，若有下列行为将依法受到相应的行政拘留处罚：第一，个人实施间谍行为，尚不构成犯罪的。第二，明知他人实施间谍行为，为其提供信息、资金、物资、劳务、技术、场所等支持、协助，或者窝藏、包庇，尚不构成犯罪的。第三，有前两种行为的单位的直接负责的主管人员和其他直接责任人员。第四，泄露有关反间谍工作的国家秘密，尚不构成犯罪的。第五，明知他人有间谍犯罪行为，在国家安全机关向其调查有关情况、收集有关证据时，拒绝提供，尚不构成犯罪的。第六，故意阻碍国家安全机关依法执行任务，尚不构成犯罪的。第七，隐藏、转移、变卖、损毁国家安全机关依法查封、扣押、冻结的财物，尚不构成犯罪的。第八，明知是间谍行为的涉案财物而窝藏、转移、收购、代为销售或者以其他方法掩饰、隐瞒，尚不构成犯罪的。第九，对依法支持、协助国家安全机关工作的个人和组织进行打击报复，尚不构成犯罪的。第十，非法获取、持有属于国家秘密的文件、数据、资料、物品，以及非法生产、销售、持有、使用专用间谍器材，尚不构成犯罪的。

▶ 12. 公民在日常交往中如何增强保密防范意识？

公民在日常交往中应注意以下几点：第一，自觉学习保密常识，接受保密教育，正确认识保密与窃密的斗争，增强保密意识，严格遵守保密制度。第二，提高安全防范意识，在对外交往中坚持内外有别，不对外交流或公布涉及我国内部的人事组织、社会治安状况、科技成果、技术诀窍和经济建设中各种未公开的数据资料。凡涉及国家秘密的内容,应当回避或按上级的对外口径回答。第三,在与境外人员接触时不携带秘密文件、资料和标记有秘密事项的记录本。对方索取科技成果、资料、样品或公开询问内部秘密时,应区别情况,灵活予以拒绝。第四,未经主管部门批准,不带境外人员参观或进入非开放区域、场所;不参加境外人员利用学术交流、讲课的机会进行的系统社会调查;不填写境外人员发放的各种调查表,或为其撰写社会调查方面的文章。第五,在新闻出版工作中,要注意保密原则,不随意刊载有关国防、科研等事关国家秘密的事项。参加国际学术会议或在国外刊物发表文章,要按规定办理审批手续。不为境外人员提供或代购内部读物和资料。

同时,我们在日常生活中应注意以下几点:第一,机关单位的电脑内外网不混用;第二,不在内网专用电脑上使用无线网卡、无线鼠标、无线键盘等无线设备以及外单位的存储介质;第三,及时更新杀毒软件,加强对病毒的防范,不把一些涉密信息随意发到互联网上;第四,在朋友圈"晒照片",应注意照片中的背景,不在军事基地、军用港口等地拍摄照片;第五,不为反间谍工作提供便利或者其他协助;等等。

▶ 13. 公民发现失密、泄密和窃密情况时应当如何处理?

公民发现有失密、泄密和窃密情况时,应当及时向国家安全机关报告。2022 年 6 月 6 日,国家安全部公布部门规章《公民举报危害国家安全行为奖励办法》(以下简称《奖励办法》)。《奖励办法》第 4 条规定了以下几种向国家安全机关举报的方式:(1)拨打国家安全机关"12339"举报受理电话;(2)登录国家安全机关互联网举报受理平台网站;(3)向国家安全机关投递信函;(4)到国家安全机关当面举报;(5)通过其他国家机关或者举报人所在单位向国家安全机关报告;(6)其他举报方式。

《奖励办法》第8条规定,举报人获得举报奖励应当同时符合3项条件:一是有明确的举报对象,或者具体的危害国家安全行为线索或者情况;二是举报事项事先未被国家安全机关掌握,或者虽被国家安全机关有所掌握,但举报人提供的情况更为具体翔实;三是举报内容经国家安全机关查证属实,为防范、制止和惩治危害国家安全行为发挥了作用、作出了贡献。

公民平时应提高警惕,注意发现危害国家安全的一切活动。例如,一些可疑人员未经批准到单位内部做调查,进行科技、经济、企业等情况的搜集行为;一些境外组织和人员出现在我军事、保密单位周边,伺机盗取秘密情报和信息;等等。发现以上情况,应当立即拨打举报电话"12339"如实举报,或者向当地保密行政管理部门、国家安全机关或公安机关报告。

▶ 14. 举报奖励的方式和标准是什么?

《奖励办法》第11条规定,国家安全机关根据违法线索查证结果、违法行为危害程度、举报发挥作用情况等,综合评估确定奖励等级,给予精神奖励或者物质奖励。给予精神奖励的,颁发奖励证书;给予物质奖励的,发放奖金。征得举报人及其所在单位同意后,可以由举报人所在单位对举报人实施奖励。

《奖励办法》结合国家安全机关举报奖励实践,除了明确奖励实施方式包括精神奖励和物质奖励外，并根据举报发挥作用程度、作出贡献大小，划定了4个等级的奖励标准，规定在《奖励办法》第12条。根据该条的规定，以发放奖金方式进行奖励的，具体标准为：(1)对防范、制止和惩治危害国家安全行为发挥一定作用、作出一定贡献的，给予1万元以下奖励；(2)对防范、制止和惩治危害国家安全行为发挥重要作用、作出重要贡献的，给予1万元至3万元奖励；(3)对防范、制止和惩治严重危害国家安全行为发挥重大作用、作出重大贡献的，给予3万元至10万元奖励；(4)对防范、制止和惩治严重危害国家安全行为发挥特别重大作用、作出特别重大贡献的，给予10万元以上奖励。

▶ *15. 违反《奖励办法》应承担何种责任？*

《奖励办法》明确了举报奖励相关工作中，追究国家安全机关工作人员责任的6种情形、追究举报人责任的4种情形和追究举报人所在单位责任的2种情形。其中明确规定，举报人不得借举报之名故意捏造事实诬告、陷害他人，不得弄虚作假骗取奖金，不得恶意举报或者以举报为名制造事端、干扰国家安全机关工作，不得泄露举报中知悉的国家秘密或者工作秘密。

对于国家安全机关工作人员，《奖励办法》规定了国家安全机关工作人员在公民举报奖励相关工作中，有滥用职权、玩忽职守、徇私舞弊等行为的，对负有责任的领导人员和直接责任人员依规依纪依法予以处理；构成犯罪的，依法追究刑事责任。《奖励办法》第20条规定，国家安全机关工作人员有下列情形之一的，对负有责任的领导人员和直接责任人员依规依纪依法予以处理；构成犯罪的，依法追究刑事责任：(1)伪造或者教唆、伙同他人伪造举报材料，冒领举报奖金的；(2)泄露举报或者举报人信息的；(3)利用在职务活动中知悉的危害国家安全行为有关线索或者情况，通过他人以举报的方式获取奖励的；(4)未认真核实举报情况，导致不符合奖励条件的举报人获得奖励的；(5)对符合举报奖励条件的举报人，无正当理由未按规定要求或者期限给予奖励的；(6)其他依规依纪依法应当追究责任的情形。

对于举报人，《奖励办法》第 21 条规定了举报人借举报之名故意捏造事实诬告、陷害他人的；弄虚作假骗取奖金的；恶意举报或者以举报为名制造事端，干扰国家安全机关工作的；泄露举报中知悉的国家秘密或者工作秘密，造成不良后果或者影响的，依法予以处理。有以上情形之一，构成犯罪的，依法追究刑事责任。

对于举报人所在单位，《奖励办法》第 22 条规定了举报人向所在单位报告危害国家安全行为线索或者情况后，单位不及时向国家安全机关报告或者漏报、瞒报，造成不良后果或者影响的；或者举报人向国家安全机关报告危害国家安全行为线索或者情况后，单位对举报人实施打击、报复的，对相关单位依法予以处理。

第五章　国家情报法知识

▶ 1.《中华人民共和国国家情报法》出台的意义是什么？

国家安全、社会安定是实现中华民族伟大复兴的前提。当今世界正经历百年未有之大变局，霸权主义、强权政治和新干涉主义呈现新动向和新趋势。中国周边安全环境复杂多变，国家安全正面临巨大挑战。自2014年4月15日，习近平总书记在中央国家安全委员会第一次会议上明确提出“总体国家安全观”起，《中华人民共和国反间谍法》《中华人民共和国国家安全法》《中华人民共和国反恐怖主义法》相继出台，逐步构建起我国的国家安全法律体系。

2018年《中华人民共和国国家情报法》的施行，进一步完善了我国的国家安全法律体系。当今世界的较量，是经济和科技的较量，而情报在其中起着举足轻重的作用。只有将情报机构设置落到实处，将情报工作者的职权与保障落到实处，情报工作才能顺利、高效地开展，国家安全才有切实的保障。《中华人民共和国国家情报法》根据总体国家安全观的要求，从我国国情和维护国家安全实际需要出发，对我国情报工作的工作原则，机构及其体系设置，情报工作者的职权、工作保障、泄露国家情报或阻碍情报工作开展的法律责任等进行了明确规定，加强了我国情报工作的协调和互动，推动情报信息的高效传递和利用，为建立健全我国情报工作机制提供法律依据，使我国的情报工作得以依法、有序、高效地开展。

▶ 2. 国家情报工作的原则是什么？

（1）公开工作与秘密工作相结合

公开工作，指的是通过各种公开场合与途径，对已经公开的信息和资料进行合法的搜集、处理、分析所得到的对自身有益的情报。秘密工作，是指通过秘密途径来对一些非公开的信息和资料所进行的收集、分析以及研判后所得到的对自身有益的情报。结合情报自身的特性，有些情报是公开的，如一国的土地信息；而有些情报是不公开的，如一国的军事部署信息。无论是公开信息还是非公开信息都属于情报，都是情报工作的内容，都需要收集和防止泄露，因而需要公开工作与秘密工作相结合。

（2）专门工作与群众路线相结合

专门工作，是指由情报机构和情报工作人员对情报进行收集的工作原则；群众路线，则是指情报工作中要为了群众、依靠群众、充分发挥群众的积极性，更好地进行情报工作。情报具有广泛性的特点，因此情报工作具有特殊性。而我国幅员辽阔，仅依靠情报机构和情报工作人员对非法获取我国情报的行为进行打击，十分困难。人民群众是涉恐线索最广泛、最直接、最敏感的来源。将专门工作与群众路线相结合，对广大群众进行保护国家情报安全知识的宣传和教育，有利于情报工作更好开展。

(3)分工负责与协作配合相结合

分工负责原则，是指情报工作中，各情报部门、情报工作者之间各司其职，对各自负责部分的非法获取我国情报的行为精准打击。协作配合原则，是指在情报工作中，各情报部门、情报工作者之间要相互配合，形成合力打击非法获取我国情报的行为。在《中华人民共和国国家情报法》以及我国相关行政法规的指导下，某些情报部门的职权需要相互配合才能达到更好的效果。

▶ 3. 国家情报机构及体系的设置如何？

(1)中央国家安全领导机构对国家情报工作实行统一领导

国家建立健全集中统一、分工协作、科学高效的国家情报体制。中央国家安全领导机构对国家情报工作实行统一领导，制定国家情报工作方针政策，规划国家情报工作整体发展，建立健全国家情报工作协调机制，统筹协调各领域国家情报工作，研究决定国家情报工作中的重大事项。中央军事委员会统一领导和组织军队情报工作。

(2)国家情报工作机构

国家安全机关和公安机关情报机构、军队情报机构按照职责分工，相互配合，做好情报工作、开展情报行动。国家情报工作机构可以按照国家有关规定，与有关个人和组织建立合作关系，委托开展相关工作。

《中华人民共和国国家情报法》建立了周密的情报体系，对我国情报网的发展尤为重要。同时,结合《中华人民共和国国家情报法》规定的情报工作原则,各机构之间明确分工、相互协调,有利于我国情报工作更好地开展。

▶ 4. 我国情报机构的职权包括什么?

依照《中华人民共和国国家情报法》的规定,我国情报机构职权分为三类,分别是一般情报职权、与有关个人和组织合作职权和经批准获得的职权。

(1)一般情报职权

国家情报工作机构开展情报工作,应当依法搜集和处理境外机构、组织、个人实施或者指使、资助他人实施的,或者境内外机构、组织、个人相勾结实施的危害中华人民共和国国家安全和利益行为的相关情报;可以要求有关机关、组织和公民提供必要的支持、协助和配合。

(2)与个人和组织合作职权

国家情报工作机构开展情报工作可以按照国家有关规定,与有关个人和组织建立合作关系,委托开展相关工作;同时可以按照国家有关规定,开展对外交流与合作。

(3)经批准获得的职权

国家情报工作机构根据工作需要,按照国家有关规定,经过严格的批准手续,可以采取技术侦察措施和身份保护措施。

国家情报工作机构工作人员依法执行任务时，按照国家有关规定，经过批准，出示相应证件，可以进入限制进入的有关区域、场所，可以向有关机关、组织和个人了解、询问有关情况，可以查阅或者调取有关的档案、资料、物品。

国家情报工作机构工作人员因执行紧急任务需要，经出示相应证件，可以享受通行便利。同时，国家情报工作机构根据工作需要，按照国家有关规定，可以提请海关、出入境边防检查等机关提供免检等便利。

同时，《中华人民共和国国家情报法》也对国家情报工作机构及其工作人员提出要求，国家情报工作机构及其工作人员应当严格依法办事，不得超越职权、滥用职权，不得侵犯公民和组织的合法权益，不得利用职务便利为自己或者他人谋取私利，不得泄露国家秘密、商业秘密和个人信息。

▶ 5. 国家秘密与情报有何关系？

《中华人民共和国保守国家秘密法》第 2 条规定，国家秘密是关系国家安全和利益，依照法定程序确定，在一定时间内只限一定范围的人员知悉的事项。国家秘密需要满足实质要件——关系国家安全和利益，以及形式要件——依照法定程序，仅为一定范围内的人员知晓。

关于情报，传统观点认为，情报仅指军事情报。但随着社会的发展，情报的使用范围不断发生变化，其已经从军事领域慢慢延伸到经济领域、科技领域等。

国家秘密与情报的区别就在于：国家秘密强调其秘密性、与国家利益的紧密相关性；而情报具有广泛性、对抗性、竞争性。同时，国家秘密强调保密，主要采取防御性措施，保证其不被非法获取；而情报可能是秘密的，也可能是公开的。一方面，国家要确保情报不被他国非法获取；另一方面，各国要积极倡导在联合反恐、国际犯罪、国际税收等方面的情报联合合作。

国家秘密与情报之间也存在联系。从定义可知，国家秘密的外延小于情报，可以说，国家秘密是情报当中与国家安全、国家利益紧密联系，且仅由一定范围内的人知晓的情报。二者之间并无明确界限。在我国相关法律的适用上，《中华人民共和国保守国家秘密法》优先于《中华人民共和国国家情报法》适用。

▶ 6. 法律规定的对国家情报工作开展的保障有哪些？

情报工作有其特殊性，情报工作人员的人身安全往往面临极大的威胁，这就要求国家对情报工作人员的人身安全进行特别的保障；同时，当今世界，科技发展迅速，这也要求情报机构不断提升自身设备的科技含量，确保国家情报工作的顺利开展。为此，《中华人民共和国国家情报法》对情报工作人员的人身安全保障、情报机构的设置等作出了相关规定。

(1)对情报工作人员的经费补贴

对因开展国家情报工作或者支持、协助和配合国家情报工作导致伤残或者牺牲、死亡的人员，按照国家有关规定给予相应的抚恤优待。

个人和组织因支持、协助和配合国家情报工作导致财产损失的，按照国家有关规定给予补偿。

(2)人身安全保障

国家情报工作机构及其工作人员依法开展情报工作,受法律保护。

国家情报工作机构工作人员因执行任务,或者与国家情报工作机构建立合作关系的人员因协助国家情报工作,其本人或者近亲属人身安全受到威胁时,国家有关部门应当采取必要措施,予以保护、营救。对为国家情报工作作出贡献并需要安置的人员,国家给予妥善安置。

(3)情报机构设置

国家加强国家情报工作机构建设,对其机构设置、人员、编制、经费、资产实行特殊管理,给予特殊保障;同时,国家建立适应情报工作需要的人员录用、选调、考核、培训、待遇、退出等管理制度。

公安、民政、财政、卫生、教育、人力资源社会保障、退役军人事务、医疗保障等有关部门以及国有企业事业单位应当协助国家情报工作机构做好安置工作。国家情报工作机构应当适应情报工作需要,提高开展情报工作的能力。

国家情报工作机构应当运用科学技术手段,提高对情报信息的鉴别、筛选、综合和研判分析水平。

▶ 7. 什么是情报工作的监督审查制度?

情报工作的监督审查制度是指基于情报内容的竞争性、对抗性,情报工作的特殊性,对情报机构及情报工作者进行定期的监督审查,以保证情报安全和情报工作顺利开展的制度。依据《中华人民共和国国家情报法》的规定,我国的情报工作监督审查制度主要包括安全审查制度和接受检举控告制度。

(1)安全审查制度

国家情报工作机构应当建立健全严格的监督和安全审查制度,对其工作人员遵守法律和纪律等情况进行监督,并依法采取必要措施,定期或者不定期进行安全审查。

(2)接受检举控告制度

任何个人和组织对国家情报工作机构及其工作人员超越职权、滥用职权和其他违法违纪行为,有权检举、控告。受理检举、控告的有关机关应当及时查处,并将查处结果告知检举人、控告人。

对依法检举、控告国家情报工作机构及其工作人员的个人和组织,任何个人和组织不得压制和打击报复。

国家情报工作机构应当为个人和组织检举、控告、反映情况提供便利渠道,并为检举人、控告人保密。

▶ 8. 国家对税收情报交换相关制度的规定是什么?

《中华人民共和国国家情报法》第 13 条规定,国家情报工作机构可以按照国家有关规定,开展对外交流与合作。各国的税收法律制度在税收管辖权、征税对象、税收优惠措施上存在不同,而随着各国经济活动的往来日益密切,国际避税现象普遍存在。纳税人利用国家间的不同税收政策实施避税行为,损害主权国家税收利益的同时,极大地影响国家之间正常的税收秩序。面对国际避税行为,任何一个国家都不能完全掌握跨国纳税人的资产收入状况,要实现有效打击,必须借助各国的合作,对相关纳税信息进行共享。针对税收情报交换制度,经济合作与发展组织(Organization for Economic Co-operation and Development, OECD)自1963年制定并公布了《关于对所得和财产征税协定范本草案》后,陆续制定了一系列的法律文件,并开展各种实践活动,积极推动税收情报交换的发展。

国际税收情报交换主要有以下几种形式:(1)应请求的情报交换,是指针对某一特定案件,一国税务机关请求另一国税务机关提供相关税收情报。这种形式在实践中运用广泛,是税收情报交换最基本的形式。(2)自动情报交换,是指缔约国之间依据事先达成的协议,在协议范围内将相关信息提供给对方。(3)自发情报交换,是指一国税务机关在税收管理过程中发现的对其他缔约国有益的情报,主动向缔约国提供该信息。(4)同期税务稽查,是指缔约双方在本国内就相同或相互的纳税事项开展调查,并将调查结果定期交换的形式。(5)境外税务调查,是指税务机关经双方国家同意,一国家去到另一国家进行实地调查的形式。(6)行业范围内的情报交换,是指针对某一行业在世界范围内的情报收集和交换。

我国一直积极参与国际事务。2006年,国家税务总局出台《国际税收情报交换工作规程》,对税收情报的范围、种类、保密与管理进行阐述;2015年,《多边税收征管互助公约》经全国人大常委会批准;2015年我国加入了《金融账户涉税信息自动交换多边主管当局间协议》;2017年,国家税务总局、财政部等六部门联合颁布《非居民金融账户涉税信息尽职调查管理办法》,要求具有申报义务的金融机构应当主动向有关部门报送纳税信息，随后再由主管部门与另一国进行信息交换；2017 年我国签署《实施税收协定相关措施以防止税基侵蚀和利润转移的多边公约》并在国内施行相应的税收改革工作，不断完善国内税收法律规范。

▶ 9.《中华人民共和国国家情报法》和《中华人民共和国刑法》的立法衔接如何体现？

总体而言，《中华人民共和国国家情报法》涵摄的违法行为多于《中华人民共和国刑法》。《中华人民共和国刑法》和《中华人民共和国国家情报法》在惩治违法、犯罪行为的侧重点有所不同。例如，《中华人民共和国刑法》第 111 条规定，为境外窃取、刺探、收买、非法提供国家秘密、情报罪法定刑在 5 年以上 10 年以下；情节特别严重的，处 10 年以上有期徒刑或者无期徒刑；情节较轻的，处 5 年以下有期徒刑、拘役、管制或者剥夺政治权利。而根据《中华人民共和国国家情报法》第 29 条的规定，泄露与国家情报工作有关的国家秘密的，由国家情报工作机构建议相关单位给予处分或者由国家安全机关、公安机关处警告或者 15 日以下拘留；构成犯罪的，依法追究刑事责任。由此也可推出，二者在适用上主要考量因素在于行为的严重程度。《中华人民共和国国家情报法》的出台完善了情报工作开展的法律依据的同时，也完善了对涉及国家情报相关违法行为的处罚规范，使法律适用更加准确。

▶ 10. 国家情报安全审查制度的主要内容包括什么？

(1)国家情报安全审查

2015 年颁布的《中华人民共和国国家安全法》将信息安全审查上升到法律层面，其第 59 条要求建立国家安全审查和监管的制度和机制，对影响或者可能影响国家安全的网络信息技术产品和服务、涉及国家安全事项的建设项目等进行安全审查。情报的本质就是信息，情报安全审查是信息安全审查的应有之义。2021 年发布的《网络安全审查办法》对关键信息基础设施供应链安全，安全审查的原则、对象、范围和相关程序都作出了详细规定；情报信息的安全审查得到进一步的法律支撑。

(2)情报人员安全审查

针对情报人员的安全审查，《中华人民共和国网络安全法》第 34 条第 1 项要求关键信息基础设施的运营者“设置专门安全管理机构和安全管理负责人，并对该负责人和关键岗位的人员进行安全背景审查”；《中华人民共和国反恐怖主义法》第 33 条强调“重点目标的管理单位应当对重要岗位人员进行安全背景审查”。《中华人民共和国国家情报法》第 26 条规定：国家情报工作机构应当建立健全严格的监督和安全审查制度，对其工作人员遵守法律和纪律等情况进行监督，并依法采取必要措施，定期或者不定期进行安全审查。

第六章　网络安全法知识

▶ 1. 为什么制定《中华人民共和国网络安全法》?

《中华人民共和国网络安全法》第1条规定:“为了保障网络安全,维护网络空间主权和国家安全、社会公共利益,保护公民、法人和其他组织的合法权益,促进经济社会信息化健康发展,制定本法。”当前,网络和信息化技术已经深度融入我国经济社会的各个方面,极大地影响和改变了人们的社会活动和生活方式,对于促进技术创新、经济发展、文化繁荣、社会进步发挥了重要作用。我国是一个网络大国,也是面临网络安全威胁最严重的国家之一。网络安全问题已成为关系国家安全和发展、关系广大人民群众切身利益的重大问题,主要表现为:其一,网络入侵、网络攻击等非法活动,严重威胁电信、能源、交通、金融以及国防军事、行政管理等重要领域的信息基础设施的安全,云计算、大数据、物联网等新技术、新应用面临更为复杂的网络安全环境;其二,非法获取、泄露甚至倒卖公民个人信息,侮辱诽谤他人,侵犯知识产权等违法活动在网络上时有发生,严重损害公民、法人和其他组织的合法权益;其三,宣扬恐怖主义、极端主义以及淫秽色情等违法信息,借助网络传播、扩散,严重危害国家安全和社会公共利益。因此，迫切需要建立和完善网络安全的法律制度，提高全社会的网络安全意识和网络安全保护水平，使我们的网络更安全、更开放、更便利，也更充满活力。

党的十八大以来，以习近平同志为核心的党中央从总体国家安全观出发，就网络安全问题提出了一系列新思想、新观点、新论断，对加强国家网络安全工作作出重要部署，对加强网络安全法制建设提出了明确要求。党的十八届四中全会通过的《中共中央关于全面推进依法治国若干重大问题的决定》要求完善网络安全保护方面的法律法规。广大人民群众十分关注网络安全，强烈要求依法加强网络空间治理，规范网络信息传播秩序，惩治网络违法犯罪，使网络空间清朗起来。全国人大代表也提出许多议案、建议，呼吁出台网络安全相关立法。为适应国家网络安全工作的新形势、新任务，落实党中央的要求，回应人民群众的期待，保障网络安全和发展利益，我国于2016年11月7日通过《中华人民共和国网络安全法》，自2017年6月1日起施行。

▶ 2. 法律层面的网络安全内涵是什么？

根据《中华人民共和国网络安全法》第76条第2项的规定，“网络安全，是指通过采取必要措施，防范对网络的攻击、侵入、干扰、破坏和非法使用以及意外事故，使网络处于稳定可靠运行的状态，以及保障网络数据的完整性、保密性、可用性的能力”。首先，关于安全，《中华人民共和国国家安全法》第2条规定，“国家安全是指国家政权、主权、统一和领土完整、人民福祉、经济社会可持续发展和国家其他重大利益相对处于没有危险和不受内外威胁的状态，以及保障持续安全状态的能力”。网络安全作为国家安全的重要组成部分,决定了网络安全是整体的而不是割裂的,在信息时代,网络安全对国家安全来说可谓牵一发而动全身,同许多其他方面的安全都有着密切关系;网络安全是动态的而不是静态的,网络变得高度关联、相互依赖,网络安全的威胁来源和攻击手段不断变化,需要树立动态、综合的防护理念;网络安全是开放的而不是封闭的,只有立足开放环境,加强对外交流、合作、互动、博弈,吸收先进技术,网络安全水平才会不断提高;网络安全是相对的而不是绝对的,没有绝对安全,要立足基本国情保安全,避免不计成本追求绝对安全;网络安全是共同的而不是孤立的,网络安全为人民,网络安全靠人民,维护网络安全是全社会共同的责任,需要政府、企业、社会组织、广大网民共同参与,共筑网络安全防线。

就网络安全的内涵而言,广义的网络安全,是指网络系统的硬件、软件及其系统中的信息受到保护,包括系统连续、可靠、正常地运行,网络服务不中断,系统中的信息不因偶然的或恶意的行为而遭到破坏、更改或泄露。狭义的网络安全,是指信息处理和传输的安全,包括硬件系统的安全、可靠运行,操作系统和应用软件的安全,数据库系统的安全,电磁信息泄露的防护等。从用户(个人或企业)的角度来讲,其希望在网络上传输的个人信息(如银行账号和上网登录口令等)不被他人发现,在网络上传输的信息没有被他人篡改,在网络上发送的信息源是真实的,信息发送者对发送过的信息或完成的某种操作是承认的;从网络运行和管理者的角度来讲,其希望本地信息网正常运行,正常提供服务,不受网外攻击,未出现计算机病毒、非法存取、拒绝服务、网络资源非法占用和非法控制等威胁;从安全保密部门的角度来讲,其希望对非法的、有害的、涉及国家安全或商业机密的信息进行过滤和防堵,避免通过网络泄露关于国家安全或商业机密的信息，避免对社会造成危害，对企业造成经济损失；从社会教育和意识形态的角度来讲，应避免不健康内容的传播，正确引导积极向上的网络文化。

▶ 3. 国家倡导哪些文明的网络行为？

网络文明是新形势下社会文明的重要内容，是建设网络强国的重要领域。党的十八大以来，无论是《中华人民共和国网络安全法》《网络信息内容生态治理规定》等法律法规的出台，还是《关于加强网络文明建设的意见》的制定，抑或争做中国好网民工程等活动的实施，都充分体现了党中央对于网络文明建设的高度重视。加强网络文明建设，大力弘扬社会主义核心价值观，让中华优秀传统文化在网络空间中流传，是满足亿万网民对美好生活期待的重要内容。

《中华人民共和国网络安全法》第6条规定："国家倡导诚实守信、健康文明的网络行为，推动传播社会主义核心价值观，采取措施提高全社会的网络安全意识和水平，形成全社会共同参与促进网络安全的良好环境。"诚实守信是中华民族的传统美德、是社会和谐的黏合剂。网络空间，也应以诚实守信作为基石。当前，虚假交易、虚假广告、网络谣言、网络诈骗等网络不诚信现象依然存在，在通过法律进行规制和约束的同时，还需要加强网络诚信建设。健康文明的网络生态建设，离不开网络运营者的责任与担当。诚信作为企业的立业之本，也是网络运营者最基本的道德要求。广大网络运营者在开展经营与服务活动时，应坚持诚信守法，传播社会正能量、弘扬社会主义核心价值观，承担社会责任。推进文明的网络行为，不仅需要政府和网络平台的责任担当，更需要重视网民的模范带头作用,从而构建网络文明的生态圈。营造健康文明的网络生态,需要每一位网民规范自身的网络言行,树立健康的网络观,严守网络空间中的法律底线和道德底线,养成健康的网络行为习惯。

▶ 4.“建墙”在应对网络安全风险方面有何重要意义?

防火墙(firewall)是通过有机结合各类用于安全管理与筛选的软件和硬件设备,帮助计算机网络于其内、外网之间构建一道相对隔绝的保护屏障,将内部网和公众访问网分开,从而实现对计算机不安全网络因素的阻断,以保护用户资料与信息安全性的一种技术。它是一种建立在现代通信网络技术和信息安全技术基础上的应用性安全技术。防火墙的功能主要为以下三个方面。

其一,记录计算机网络之中的数据信息。数据信息对计算机网络建设工作有着积极的促进作用,同时,其对于计算机网络安全也有一定程度的影响。通过防火墙技术能够收集计算机网络在运行过程中的数据传输、信息访问等多方面的内容,同时对收集的信息进行分类分组,借此找出其中存在安全隐患的数据信息,并采取针对性的措施进行解决,有效防止这些数据信息影响计算机网络的安全。除此之外,工作人员在对防火墙之中记录的数据信息进行总结之后,能够明确不同类型的异常数据信息的特点,从而有效提高计算机网络风险防控工作的效率和质量。其二,防止工作人员访问存在安全隐患的网站。计算机网络安全问题之中,有相当一部分是由工作人员进入了存在安全隐患的网站所导致的。通过应用防火墙技术能够对工作人员的操作进行实时监控,一旦发现工作人员即将进入存在安全隐患的网站,防火墙就会立刻发出警报,有效防止工作人员误入存在安全隐患的网站，有效提高访问工作的安全性。其三，控制不安全服务。计算机网络在运行的过程当中会出现许多不安全服务，这些不安全服务会严重影响计算机网络的安全。通过应用防火墙技术能够有效降低工作人员的实际操作风险，将不安全服务有效拦截下来，有效防止非法攻击对计算机网络安全造成影响。此外，通过防火墙技术还能够实现对计算机网络之中各项工作的实时监控，使计算机用户的各项工作能够在一个安全可靠的环境下进行，有效防止计算机网络问题给用户带来经济损失。对于防范网络安全风险而言，防火墙技术的意义主要在于及时发现并处理计算机网络运行时可能存在的安全风险、数据传输等问题，处理措施包括隔离与保护，同时，可对计算机网络安全当中的各项操作实施记录与检测，以确保计算机网络运行的安全性，保障用户资料与信息的完整性。

▶ 5. 互联网违法和不良信息"一键举报"是什么？其法律依据是什么？

网络空间不是法外之地。近年来，网络谣言、网络侵权等问题严重污染网络环境、损害网民权益，整治网络乱象成为社会各界共同的心声。《中华人民共和国网络安全法》第 14 条规定："任何个人和组织有权对危害网络安全的行为向网信、电信、公安等部门举报。收到举报的部门应当及时依法作出处理；不属于本部门职责的，应当及时移送有权处理的部门。有关部门应当对举报人的相关信息予以保密，保护举报人的合法权益。"第 49 条第 1 款规定："网络运营者应当建立网络信息安全投诉、举报制度，公布投诉、举报方式等信息，及时受理并处理有关网络信息安全的投诉和举报。”

为进一步畅通互联网违法违规和不良信息举报渠道，加大举报力度，各地区、各部门纷纷开设了“互联网违法和不良信息举报平台”，简称“一键举报”。“一键举报”的对象，即“互联网违法和不良信息”，主要包括以下九类：(1)危害国家安全、荣誉和利益的；(2)煽动颠覆国家政权、推翻社会主义制度的；(3)煽动分裂国家、破坏国家统一的；(4)宣扬恐怖主义、极端主义的；(5)宣扬民族仇恨、民族歧视的；(6)传播暴力、淫秽色情信息的；(7)编造、传播虚假信息扰乱经济秩序和社会秩序的；(8)侵害他人名誉、隐私和其他合法权益的；(9)互联网相关法律法规禁止的其他内容。举报主体应对举报事项的客观性、真实性负责。对于借举报故意捏造事实、诬告陷害，伪造举报证据的，或以举报为名制造事端，干扰国家机关正常工作的，将依法承担相应的法律责任。

▶ 6. 我国网络安全等级保护制度的主要内容包括什么？

网络安全等级保护是国家信息安全保障的基本制度、基本策略和基本方法，是国家网络安全工作的基本制度，是实现国家对重要网络、信息系统、数据资源实施重点保护的重大措施，是维护国家关键信息基础设施的重要手段。网络安全等级保护制度的核心内容是：国家制定统一的政策、标准；各单位、各部门依法开展等级保护工作；有关职能部门对网络安全等级保护工作实施监督管理。

《中华人民共和国网络安全法》出台前，我国在网络安全方面主要依据的是 2007 年颁布实施的《信息安全等级保护管理办法》和 2008 年颁布实施的《信息安全技术　信息系统安全等级保护基本要求》等一系列文件，统称为“等保 1.0”。随着科技的发展，等保 1.0 的局限性逐渐显露，除了缺乏对一些新技术和新应用的保护规范，在风险评估、安全监测和通报预警等方面都有待与时俱进的完善。2019 年 5 月，《信息安全技术 网络安全等级保护基本要求》《信息安全技术 网络安全等级保护测评要求》《信息安全技术 网络安全等级保护安全设计技术要求》等国家标准正式发布，并于 2019 年 12 月 1 日正式实施。这些标准的发布意味着我国网络安全等级保护从“1.0 时代”步入“2.0 时代”，网络安全等级保护的政策、标准体系已经基本形成，以保护国家关键信息基础设施安全为重点的网络安全等级保护制度依法全面实施。

相比于等保 1.0，等保 2.0 聚焦新问题、新威胁和新技术，总结汲取网络安全保护成功的经验，创新地提出安全保护通用要求，在覆盖范围、技术要求等方面进行了多项调整。除了针对移动互联、云计算、大数据、物联网和工业控制等新技术、新应用领域的个性安全保护需求提出安全扩展要求，在监管主体和监管范围方面也都有所扩大，同时还增加了风险评估、安全监测、通报预警、态势感知等新的安全要求。等保 2.0 更加突出技术思维和立体防范，注重全方位主动防御、动态防御、整体防控和精准防护，进一步强化“一个中心，三层防护”的安全保护体系。

▶ 7. 网络运营者应当履行哪些安全保护义务？

网络运营者不仅拥有网络用户，还是收集和处理这些用户信息的主体，是网络社会中最重要的节点，也是网络治理中的关键主体和履行网络安全的责任主体。《中华人民共和国网络安全法》中明确了网络运营者应承担的义务。该法第 9 条概括性地规定了网络运营者的网络安全义务，其中就包括了履行网络安全保护义务，在分则章节中进一步细化了网络运营者的具体义务要求。

《中华人民共和国网络安全法》第21条规定："……网络运营者应当按照网络安全等级保护制度的要求，履行下列安全保护义务，保障网络免受干扰、破坏或者未经授权的访问，防止网络数据泄露或者被窃取、篡改：(一)制定内部安全管理制度和操作规程，确定网络安全负责人，落实网络安全保护责任；(二)采取防范计算机病毒和网络攻击、网络侵入等危害网络安全行为的技术措施；(三)采取监测、记录网络运行状态、网络安全事件的技术措施，并按照规定留存相关的网络日志不少于六个月；(四)采取数据分类、重要数据备份和加密等措施；(五)法律、行政法规规定的其他义务。"《中华人民共和国网络安全法》第25条规定："网络运营者应当制定网络安全事件应急预案，及时处置系统漏洞、计算机病毒、网络攻击、网络侵入等安全风险；在发生危害网络安全的事件时，立即启动应急预案，采取相应的补救措施，并按照规定向有关主管部门报告。"《中华人民共和国网络安全法》第59条第1款规定："网络运营者不履行本法第二十一条、第二十五条规定的网络安全保护义务的，由有关主管部门责令改正，给予警告；拒不改正或者导致危害网络安全等后果的，处一万元以上十万元以下罚款，对直接负责的主管人员处五千元以上五万元以下罚款。"

▶ 8. 开发App应注意哪些国家安全的要求？

App开发者是一类网络服务提供者，根据《中华人民共和国网络安全法》第76条第3项之规定，属于网络运营者。关于其行为，首先，《中华人民共和国网络安全法》第13条规定，国家支持研究开发有利于未成年人健康成长的网络产品和服务，依法惩治利用网络从事危害未成年人身心健康的活动，为未成年人提供安全、健康的网络环境。第16条规定，国务院和省、自治区、直辖市人民政府应当统筹规划，加大投入，扶持重点网络安全技术产业和项目，支持网络安全技术的研究开发和应用，推广安全可信的网络产品和服务，保护网络技术知识产权，支持企业、研究机构和高等学校等参与国家网络安全技术创新项目。

其次，《中华人民共和国网络安全法》第22条第1款、第2款规定，网络产品、服务应当符合相关国家标准的强制性要求。网络产品、服务的提供者不得设置恶意程序；发现其网络产品、服务存在安全缺陷、漏洞等风险时，应当立即采取补救措施，按照规定及时告知用户并向有关主管部门报告；网络产品、服务的提供者应当为其产品、服务持续提供安全维护；在规定或者当事人约定的期限内，不得终止提供安全维护。第48条第1款规定，任何个人和组织发送的电子信息、提供的应用软件，不得设置恶意程序，不得含有法律、行政法规禁止发布或者传输的信息。

再次，涉及收集、使用用户信息的，《中华人民共和国网络安全法》第22条第3款规定，网络产品、服务具有收集用户信息功能的，其提供者应当向用户明示并取得同意……第41条规定，网络运营者收集、使用个人信息，应当遵循合法、正当、必要的原则，公开收集、使用规则，明示收集、使用信息的目的、方式和范围，并经被收集者同意。网络运营者不得收集与其提供的服务无关的个人信息，不得违反法律、行政法规的规定和双方的约定收集、使用个人信息，并应当依照法律、行政法规的规定和与用户的约定，处理其保存的个人信息。第42条规定，网络运营者不得泄露、篡改、毁损其收集的个人信息。未经被收集者同意，不得向他人提供个人信息。但是,经过处理无法识别特定个人且不能复原的除外。网络运营者应当采取技术措施和其他必要措施,确保其收集的个人信息安全,防止信息泄露、毁损、丢失。在发生或者可能发生个人信息泄露、毁损、丢失的情况时,应当立即采取补救措施,按照规定及时告知用户并向有关主管部门报告。第 44 条规定,任何个人和组织不得窃取或者以其他非法方式获取个人信息,不得非法出售或者非法向他人提供个人信息。

最后,《中华人民共和国网络安全法》第 43 条规定,个人发现网络运营者违反法律、行政法规的规定或者双方的约定收集、使用其个人信息的,有权要求网络运营者删除其个人信息;发现网络运营者收集、存储的其个人信息有错误的,有权要求网络运营者予以更正。网络运营者应当采取措施予以删除或者更正。第 64 条规定,网络运营者、网络产品或者服务的提供者违反该法第 22 条第 3 款、第 41 ~43 条规定,侵害个人信息依法得到保护的权利的,由有关主管部门责令改正,可以根据情节单处或者并处警告、没收违法所得、处违法所得 1 倍以上 10 倍以下罚款,没有违法所得的,处 100 万元以下罚款,对直接负责的主管人员和其他直接责任人员处 1 万元以上 10 万元以下罚款;情节严重的,并可以责令暂停相关业务、停业整顿、关闭网站、吊销相关业务许可证或者吊销营业执照。违反该法第 44 条规定,窃取或者以其他非法方式获取、非法出售或者非法向他人提供个人信息,尚不构成犯罪的,由公安机关没收违法所得,并处违法所得 1 倍以上 10 倍以下罚款,没有违法所得的,处 100 万元以下罚款。第 68 条规定,网络运营者违反该法第 47 条规定,对法律、行政法规禁止发布或者传输的信息未停止传输、采取消除等处置措施、保存有关记录的,电子信息发送服务提供者、应用软件下载服务提供者不履行该法第 48 条第 2 款规定的安全管理义务的,由有关主管部门责令改正,给予警告,没收违法所得;拒不改正或者情节严重的,处 10 万元以上 50 万元以下罚款,并可以责令暂停相关业务、停业整顿、关闭网站、吊销相关业务许可证或者吊销营业执照,对直接负责的主管人员和其他直接责任人员处 1 万元以上 10 万元以下罚款。

▶ 9. 网络可信身份战略与个人有什么关系?

《中华人民共和国网络安全法》第 24 条第 2 款规定:"国家实施网络可信身份战略,支持研究开发安全、方便的电子身份认证技术,推动不同电子身份认证之间的互认。"网络可信身份战略是贯彻落实"网络安全为人民,网络安全靠人民"宣传主题的重要体现,旨在通过发动全民力量,共同建立我国自主可控的网络身份管理生态体系,让可信的实体畅通无阻,让不可信的实体寸步难行。推动实施网络可信身份战略是顺应网络发展的必然选择,不仅有利于维护我国网络空间秩序,提高我国网络空间整体安全水平,而且对于繁荣网络经济和促进网络创新也具有重要意义。

网络可信身份战略要求个人在某些需要高度信任的应用场景下实施实名制。根据《中华人民共和国网络安全法》第 24 条第 1 款的规定,网络运营者为用户办理网络接入、域名注册服务,办理固定电话、移动电话等入网手续,或者为用户提供信息发布、即时通讯等服务,在与用户签订协议或者确认提供服务时,应当要求用户提供真实身份信息。用户不提供真实身份信息的,网络运营者不得为其提供相关服务。重要应用场景实施网络实名制能够确保关键应用具有较高的可信度,能够较有效地对危害网络安全的行为进行责任追究。

▶ *10. 政府政务平台的运营者应遵守哪些法律要求？*

关键信息基础设施作为关乎国家安全、社会公共利益和公众福祉的战略性资源，对于网络空间秩序的构建和网络治理具有十分重要的意义和价值。《中华人民共和国网络安全法》首次引入“关键信息基础设施”的概念，并规定了在网络安全等级保护制度基础上实行重点保护。

《中华人民共和国网络安全法》第 31 条第 1 款规定：“国家对公共通信和信息服务、能源、交通、水利、金融、公共服务、电子政务等重要行业和领域，以及其他一旦遭到破坏、丧失功能或者数据泄露，可能严重危害国家安全、国计民生、公共利益的关键信息基础设施，在网络安全等级保护制度的基础上，实行重点保护。关键信息基础设施的具体范围和安全保护办法由国务院制定。”《国家网络空间安全战略》中指出，公共通信、广播电视传输等服务的基础信息网络，能源、金融、交通、教育、科研、水利、工业制造、医疗卫生、社会保障、公用事业等领域和国家机关的重要信息系统，重要互联网应用系统等大行业领域属于国家关键信息基础设施。国务院发布的《关键信息基础设施安全保护条例》中对关键信息基础设施范围作出了更具体的界定。

根据国务院发布的《关键信息基础设施安全保护条例》第 2 条对关键信息基础设施的界定，政府政务平台属于关键信息基础设施。依据《关键信息基础设施安全保护条例》的规定，政府政务平台的运营者应当依照该条例和有关法律、行政法规的规定以及国家标准的强制性要求，在网络安全等级保护的基础上，采取技术保护措施和其他必要措施，应对网络安全事件，防范网络攻击和违法犯罪活动，保障政府政务平台安全稳定运行，维护数据的完整性、保密性和可用性。政府政务平台发生较大变化，可能影响其认定结果的，运营者应当及时将相关情况报告保护工作部门。运营者应当建立健全网络安全保护制度和责任制，保障人力、财力、物力投入。运营者的主要负责人对政府政务平台安全保护负总责，领导政府政务平台安全保护和重大网络安全事件处置工作，组织研究解决重大网络安全问题。运营者应当设置专门安全管理机构，并对专门安全管理机构负责人和关键岗位人员进行安全背景审查。审查时，公安机关、国家安全机关应当予以协助。运营者应当保障专门安全管理机构的运行经费、配备相应的人员，开展与网络安全和信息化有关的决策应当有专门安全管理机构人员参与。运营者应当每年自行或者委托网络安全服务机构对政府政务平台至少进行一次网络安全检测和风险评估，对发现的安全问题及时整改，并按照保护工作部门要求报送情况。政府政务平台发生重大网络安全事件或者发现重大网络安全威胁时，运营者应当按照有关规定向保护工作部门、公安机关报告。运营者应当优先采购安全可信的网络产品和服务；采购网络产品和服务可能影响国家安全的，应当按照国家网络安全规定通过安全审查。运营者采购网络产品和服务，应当按照国家有关规定与网络产品和服务提供者签订安全保密协议，明确提供者的技术支持和安全保密义务与责任，并对义务与责任履行情况进行监督。运营者发生合并、分立、解散等情况，应当及时报告保护工作部门，并按照保护工作部门的要求对政府政务平台进行处置，确保安全。运营者对保护工作部门开展的政府政务平台网络安全检查检测工作，以及公安、国家安全、保密行政管理、密码管理等有关部门依法开展的政府政务平台网络安全检查工作应当予以配合。

运营者在政府政务平台发生重大网络安全事件或者发现重大网络安全威胁时,未按照有关规定向保护工作部门、公安机关报告的,由保护工作部门、公安机关依据职责责令改正,给予警告;拒不改正或者导致危害网络安全等后果的,处10万元以上100万元以下罚款,对直接负责的主管人员处1万元以上10万元以下罚款。运营者采购可能影响国家安全的网络产品和服务,未按照国家网络安全规定进行安全审查的,由国家网信部门等有关主管部门依据职责责令改正,处采购金额1倍以上10倍以下罚款,对直接负责的主管人员和其他直接责任人员处1万元以上10万元以下罚款。运营者对保护工作部门开展的政府政务平台网络安全检查检测工作,以及公安、国家安全、保密行政管理、密码管理等有关部门依法开展的政府政务平台网络安全检查工作不予配合的,由有关主管部门责令改正;拒不改正的,处5万元以上50万元以下罚款,对直接负责的主管人员和其他直接责任人员处1万元以上10万元以下罚款;情节严重的,依法追究相应法律责任。

▶ *11*. App运营者收集个人信息应坚持什么原则? 工业和信息化部下架“违规收集个人信息”的App是否体现了用户信息保护制度?

对于用户信息的收集不能任意为之,这是法治社会的必然要求。App运营者应合规经营,保障用户在网络空间的合法权益。App运营者在经营和提供服务的过程中难免需要使用用户的信息,但不能超过必要限度。App运营者在收集和使用个人信息的过程中应当遵循合法、正当、必要的原则,不能过度收集信息,否则将涉嫌违法。

《中华人民共和国网络安全法》第 41 条第 1 款规定："网络运营者收集、使用个人信息，应当遵循合法、正当、必要的原则……"根据《中华人民共和国网络安全法》的规定，网络产品、服务具有收集用户信息功能的，其提供者应当向用户明示并取得同意。App 运营者收集、使用个人信息，应当公开收集、使用规则，明示收集、使用信息的目的、方式和范围，并经被收集者同意。App 运营者不得收集与其提供的服务无关的个人信息，不得违反法律、行政法规的规定和双方的约定收集、使用个人信息，并应当依照法律、行政法规的规定和与用户的约定，处理其保存的个人信息。App 运营者不得泄露、篡改、毁损其收集的个人信息；未经被收集者同意，不得向他人提供个人信息。但是，经过处理无法识别特定个人且不能复原的除外。App 运营者应当采取技术措施和其他必要措施，确保其收集的个人信息安全，防止信息泄露、毁损、丢失。在发生或者可能发生个人信息泄露、毁损、丢失的情况时，App 运营者应当立即采取补救措施，按照规定及时告知用户并向有关主管部门报告。App 运营者不得窃取或者以其他非法方式获取个人信息，不得非法出售或者非法向他人提供个人信息。工业和信息化部下架"违规收集个人信息"的 App，是用户信息保护制度的体现。

▶ 12. 经什么机关批准，可在特定区域对网络通信采取限制等临时措施？

在信息技术时代，网络通信管制作为重大突发事件管制措施的一种，其重要性也越来越凸显。网络通信管制是在处置或应对发生重大突发事件的需要时，在一定区域和时间内限制网络通信服务的通信管制措施。

该制度的目的是在发生重大事件的情况下,通过赋予政府行政介入的权力,牺牲部分通信自由权来维护国家安全和社会稳定。网络通信管制也是国际上通行的做法。

《中华人民共和国网络安全法》明确了发生网络安全事件时,有关部门需要采取的措施。《中华人民共和国网络安全法》第 57 条规定,因网络安全事件,发生突发事件或者生产安全事故的,应当依照《中华人民共和国突发事件应对法》《中华人民共和国安全生产法》等有关法律、行政法规的规定处置。

《中华人民共和国网络安全法》第 58 条规定:"因维护国家安全和社会公共秩序,处置重大突发社会安全事件的需要,经国务院决定或者批准,可以在特定区域对网络通信采取限制等临时措施。"因此,只有经国务院决定或者批准,才能在特定区域对网络通信采取限制等临时措施。

▶ 13.《中华人民共和国网络安全法》规定的个人和组织应履行哪些维护网络安全的义务?

根据《中华人民共和国网络安全法》第 12 条、第 27 条、第 44 条、第 46 条、第 48 条之规定,任何个人和组织使用网络应当遵守宪法法律,遵守公共秩序,尊重社会公德,不得危害网络安全,不得利用网络从事危害国家安全、荣誉和利益,煽动颠覆国家政权、推翻社会主义制度,煽动分裂国家、破坏国家统一,宣扬恐怖主义、极端主义,宣扬民族仇恨、民族歧视,传播暴力、淫秽色情信息,编造、传播虚假信息扰乱经济秩序和社会秩序,以及侵害他人名誉、隐私、知识产权和其他合法权益等活动。任何个人和组织不得从事非法侵入他人网络、干扰他人网络正常功能、窃取网络数据等危害网络安全的活动；不得提供专门用于从事侵入网络、干扰网络正常功能及防护措施、窃取网络数据等危害网络安全活动的程序、工具；明知他人从事危害网络安全的活动的，不得为其提供技术支持、广告推广、支付结算等帮助。任何个人和组织不得窃取或者以其他非法方式获取个人信息，不得非法出售或者非法向他人提供个人信息。任何个人和组织应当对其使用网络的行为负责，不得设立用于实施诈骗，传授犯罪方法，制作或者销售违禁物品、管制物品等违法犯罪活动的网站、通信群组，不得利用网络发布涉及实施诈骗，制作或者销售违禁物品、管制物品以及其他违法犯罪活动的信息。任何个人和组织发送的电子信息、提供的应用软件，不得设置恶意程序，不得含有法律、行政法规禁止发布或者传输的信息。

第七章　数据安全法知识

▶ 1.《中华人民共和国数据安全法》出台的意义是什么？

当今时代的趋势和潮流是数字技术和实体经济深度融合。在2020年，中共中央、国务院《关于构建更加完善的要素市场化配置体制机制的意见》中，数据成为继土地、劳动力、资本、技术之后的第五大生产要素，该意见提出要推进政府数据开放共享，提升社会数据资源价值，加强数据资源整合和安全保护。数据对于国际经济发展的价值不言而喻。在当今世界经济形势之下，数据作为信息型要素对于经济发展的重要性越发凸显，各国对数据与实业融合的研究和发展更是如火如荼。数字经济或已成为恢复经济、推动经济可持续发展的关键之举，亦是我国经济实现高质量转型的新动能和新引擎。

与此同时，数据滥用、非法交易及用户数据泄露等数据安全问题也日益凸显。科技发展使数据过度采集、非法交易现象频发；数据全球化跨境流动使数据安全问题超越传统个人信息保护问题，直接上升到国家安全的层面。如何应对数据风险，利用数据红利成为各国面临的难题。为此，2021年6月10日，第十三届全国人民代表大会常务委员会第二十九次会议审议通过《中华人民共和国数据安全法》，针对我国数据发展面临的难题，制定了相关数据安全、发展制度，明确各国家机关、单位和个人对于数据安全所应当承担的义务，切实做到鼓励数据依法合理有效利用，保障数据依法有序自由流动，促进以数据为关键要素的数字经济的发展。

▶ 2. 什么是数据安全？

数据安全，是指通过采取必要措施，确保数据处于有效保护和合法利用的状态，以及具备保障持续安全状态的能力。《中华人民共和国数据安全法》中的“数据安全”可拆解成“数据自身安全”“数据自主可控”“数据宏观安全”三个层面。“数据自身安全”，即通过身份认证、访问控制、数据加密、安全管理审计等技术措施以及必要的安全制度，确保数据的保密性、完整性、可用性；强调数据自身不受非法采集、加工、处理和泄露。“数据自主可控”，一方面是指国家对“关系国家安全、国民经济命脉、重要民生、重大公共利益等数据”的“核心数据”以及“一旦遭到篡改、破坏、泄露或者非法获取、非法利用，对国家安全、公共利益造成严重危害”的其他“重要数据”，通过数据目录、风险评估、本地化和出境管控等措施，确保国家享有绝对的支配力；另一方面也是指经过相关的数据评估制度、数据交易制度的完善，相关的数据可以自由流通，数据的经济价值可以实现。“数据宏观安全”，是指防控和管理因数据处理活动引发国家安全、公共利益或公民、组织合法权益的威胁；①同时，也是指通过分级保护、风险评估等制度构建，数据开发利用和数据安全等领域的技术推广和商业

① 参见许可：《〈数据安全法〉：数字时代的基本法》，载《经济导刊》2021 年第 6 期。

创新得以发展,数据安全产品、产业体系得以构建。

▶ 3. 怎么理解《中华人民共和国数据安全法》中的“数据”?

数据,是指任何以电子或者其他方式对信息的记录,其本质为“信息”,具有广泛性、概括性的特点,且其蕴含巨大的商业价值和国家利益。

数据的广泛性、概括性使其显著区别于“个人信息”,一切国家、企业和个人的行为所产生的痕迹,均是数据。《中华人民共和国数据安全法》中的“数据”与《中华人民共和国个人信息保护法》中的“个人信息”有重合部分,但对比个人信息,数据的财产属性更显著,人身属性被弱化。《中华人民共和国个人信息保护法》第4条第1款规定,个人信息是以电子或者其他方式记录的与已识别或者可识别的自然人有关的各种信息,不包括匿名化处理后的信息。个人信息的核心本质在于“可识别性”,要求个人信息要能够识别出个人,经匿名化处理之后,就不再属于个人信息。因此可知,个人信息的外延窄于“数据”的外延,且其在立法倾向上更倾向于保护个人的信息自主权益。

数据的商业价值体现为,众多数据是对海量信息的加工处理,能反映一定事物的倾向、发展、变化趋势,结合实业,能够带来巨大的经济效益。

数据的国家利益体现为,某些关系国家安全、国民经济命脉、重要民生、重大公共利益等属于国家核心数据,其不当处理会带来国家危机。

▶ 4.《中华人民共和国数据安全法》如何建立数据安全治理体系?

维护数据安全,应当坚持总体国家安全观,建立健全数据安全治理体系,提高数据安全保障能力。为此,《中华人民共和国数据安全法》明确规定各方责任,构建起国家机关、行业组织、企业、个人等多主体共同治理的数据安全治理体系。

中央国家安全领导机构负责国家数据安全工作的决策和议事协调,研究制定、指导实施国家数据安全战略和有关重大方针政策,统筹协调国家数据安全的重大事项和重要工作,建立国家数据安全工作协调机制。

各地区、各部门对本地区、本部门工作中收集和产生的数据及数据安全负责。工业、电信、交通等行业主管部门承担本行业、本领域数据安全监管职责。公安机关、国家安全机关依照该法和有关法律、行政法规的规定,在各自职责范围内承担数据安全监管职责。国家网信部门依照该法和有关法律、行政法规的规定,统筹协调网络数据安全和相关监管工作。

处理数据应当遵守法律法规,尊重社会公德和伦理道德,遵守商业和职业道德,诚实守信,履行数据安全保护义务,承担社会责任;不得危害国家安全和社会公共利益,不得损害个人和组织的合法权益。国家支持传播和普及数据安全知识,提高公众数据安全意识和保护能力,推动有关部门、行业组织、研究机构、企业和个人共同参与数据安全工作。为全社会成员共同保护数据、保障数据安全、促进相关产业发展创造良好环境。相关行业协会应当根据其章程,依法制定保障数据安全的行为准则和标准,加强本行业自律,引导会员加强数据安全保护,提高保护水平,促进行业健康发展。

数据安全涉及的主体复杂多样，只有各方主体严格遵守法律规定，积极履行自身的责任和义务，才能更好地防范数据风险，促进数据的开发和利用。

▶ 5.《中华人民共和国数据安全法》如何构建数据安全审查制度？

2021 年我国颁布的《网络安全审查办法》建立了较完善的网络安全审查制度。数据安全审查与网络安全审查制度两者存在一定的交叉重复，数据安全审查制度的建立关键在于如何考量其审查机制、审查内容、审查标准等因素。

《网络安全审查办法》明确了其确保关键信息基础设施供应链安全、保障网络安全和数据安全，维护国家安全的目标；构建了中央网络安全和信息化委员会领导下各国家机关共同协作、跨部门审查的网络安全审查工作机制，并明确网络安全审查办公室设在国家互联网信息办公室，负责制定网络安全审查相关制度规范，组织网络安全审查；同时，完善了我国网络安全审查的程序，包括审查对象，审查内容，重点评估内容以及审查机关受理案件的程序。

▶ 6.《中华人民共和国数据安全法》如何构建数据安全制度体系？

《中华人民共和国网络安全法》《中华人民共和国数据安全法》《中华

人民共和国个人信息保护法》3 部法律的出台,分别针对不同的数据类型,相互协作,共同构建了我国数据安全治理的总体制度框架。就《中华人民共和国数据安全法》而言,其兼顾数据静态安全与动态利用安全,一般数据与重要数据、国家核心数据安全,内向安全与外向安全,围绕数据处理全过程建构数据安全保障的基本框架。该框架具体包括如下制度:

(1)数据分级保护制度

根据相关数据在经济社会发展中重要程度不同、其受到侵害时产生的危害程度的不同,对数据施行分级保护。在此基础上,对于关系国家安全、国民经济命脉、重要民生、重大公共利益等属于国家核心数据,施行更加严格的管理制度。防范和降低因数据泄露对国家安全造成威胁。分级保护的优势在于,明确了各类数据的重要程度,将其受到侵害时的紧急度进行了排序,一方面,有利于精准布控降低防范成本;另一方面,也有利于平衡数据的商业价值和个人价值,促进经济发展。

(2)数据安全风险评估预警机制和应急处置机制

国家建立集中统一、高效权威的数据安全风险评估、报告、信息共享、监督预警机制。对数据形成、收集、处理等全过程进行监督和风险评估,对于存在风险的数据处理行为及时进行干预和处理,尽全力降低数据不当处理带来的数据风险。同时,建立数据安全应急处置机制,发生数据安全事件,有关部门应当依法启动应急预案,采取相应的应急处置措施。

(3)跨境数据出口管制机制

国家建立数据安全审查制度,对影响或可能影响国家安全的数据处理活动进行国家安全审查。在此基础上,对与维护国家安全和利益、履行国际义务相关的属于管制物项的数据依法实施出口管制。

(4)贸易措施

任何国家或者地区在数据和数据开发利用技术等有关投资、贸易方面对我国采取歧视性的禁止、限制或者其他类似措施的,我国可以根据实际情况对其对等采取措施。

总体思路在于,针对可能威胁国家安全的数据,采取最严格的监管手段、最健全的预警机制、最苛刻的安全审查机制,坚决防止数据处理给国家安全带来危害。同时,兼顾监管成本和监管效率,对一般数据进行监督和处理。

▶ 7.《中华人民共和国数据安全法》如何保护数据安全、鼓励数据发展?

《中华人民共和国数据安全法》从以下三个方面保护数据安全、鼓励数据发展:

(1)建立良好的数据产业环境

《中华人民共和国数据安全法》的施行,是我国提升数据治理能力迈出的重要一步,既充分体现了我国支持数字经济发展的决心,又进一步夯实了“安全中保发展、发展中促安全”的产业发展路径。《中华人民共和国数据安全法》要求我国实施大数据战略,将数字经济发展纳入国民经济和社会发展规划;推进数据基础设施建设,鼓励和支持数据在各行业、各领域的创新应用；支持开发利用数据提升公共服务的智能化水平；支持数据开发利用和数据安全技术研究，鼓励数据开发利用和数据安全等领域的技术推广和商业创新；建立健全数据交易管理制度，规范数据交易行为，培育数据交易市场。

(2)形成健全的数据保护体系

一方面，国家要建立数据分类分级保护制度，对不同重要程度的数据分类保护；推进数据安全标准体系建设，制定合理有效的数据安全相关标准，建立集中统一、高效权威的数据安全风险评估、报告、信息共享、监测预警机制；同时，建立应急处置预案，积极应对紧急情况和突发风险。另一方面，《中华人民共和国数据安全法》明确了国家机构在数据保护体系中的职责，要求中央国家安全领导机构负责国家数据安全工作的决策和议事协调，研究制定、指导实施国家数据安全战略和有关重大方针政策，统筹协调国家数据安全的重大事项和重要工作，建立国家数据安全工作协调机制。各地区、各部门对本地区、本部门工作中收集和产生的数据及数据安全负责。这防止了数据治理部门出现分散交叉的分散局面。

(3)倡导“互惠公平”的国际数据治理秩序

随着跨境数据流转的增多，数据跨境的风险逐步显露，尤其是针对有关国家利益的核心数据，处理不当极有可能危害国家安全。面对数据带来的风险与利益的矛盾，很多国家都制定了本国数据安全法，将执法边界延展到海外与其相关的企业。《中华人民共和国数据安全法》第 2 条第 2 款规定，在我国境外开展数据处理活动，损害我国国家安全、公共利益或者公民、组织合法权益的，依法追究法律责任。该法第 25 条规定，对与维护国家安全和利益、履行国际义务相关的属于管制物项的数据，我国依法实施出口管制。同时，我国倡导建立和谐、开放、共享的国际数据交易环境的同时，针对其他国家或地区在数据和数据开发利用技术等有关投资、贸易等方面对我国采取的歧视性措施，我国也可以根据实际情况对该国家或地区对等采取措施。

▶ 8.《中华人民共和国数据安全法》如何完善数据交易及监管制度？

随着科技的发展，数据的重要性多体现在其巨大的商业价值。尤其是当数据与实体经济结合后，带来的经济质的发展，是所有注重数字技术发展的国家、企业和个人的共同追求，由此产生的数据交易则是其商业价值流动的直接体现。

但数据交易牵涉的问题十分复杂。主要体现在：第一，作为数据交易基础的数据确权困难；第二，数据资产的价值及其估值标准没有官方依据；第三，数据交易“兜底保障”体系不够健全。因此，许多国家对此都持谨慎态度，数据交易机构很少由官方设立，多为民间发起，且提供的数据交易范围较小。我国贵阳大数据交易所在 2015 年正式挂牌运营，随后武汉、北京等地也设立了大数据交易所。

《中华人民共和国数据安全法》第 19 条规定：国家建立健全数据交易管理制度，规范数据交易行为，培育数据交易市场。在该法的指导下，结合自身实践，各个省市纷纷出台相关的数据交易条例，对交易主体、交易程序、交易价格、数据离岸等制度作出了相关规定。例如，2021 年 11 月上海市人大常委会表决通过的《上海市数据条例》就规定自然人、法人和非法人组织享有数据相关的特定“财产权益”；数据交易活动的市场主体可以依法自主定价。市相关主管部门应当组织相关行业协会等制订数据交易价格评估导则，构建交易价格评估指标。

▶ 9.《中华人民共和国数据安全法》如何进行数据跨境风险防治？

经贸交易、技术交流、资源分享等跨国合作日益频繁，数据跨境流动已经是无法避免的事实。数据跨境无疑会对企业带来巨大的商业价值，但危与机相伴而生，数据跨境稍有不慎就会给国家安全带来危机。为此，《中华人民共和国数据安全法》对于数据跨境设置了一系列的相关制度，在保证数据最大限度发挥其价值的同时，保障国家安全。具体制度如下：

依据《中华人民共和国数据安全法》的相关规定，在我国境外开展数据处理活动，不论数据处理者是否在我国境内，只要其行为损害我国国家安全、公共利益或者公民、组织合法权益的，我国法律就有管辖权，将依法追究责任。这极大地维护了我国的数据安全和利益。

建立数据安全审查制度，在保障一般数据跨境流通的同时，对影响或者可能影响国家安全的数据处理活动进行国家安全审查。对与维护国家安全和利益、履行国际义务相关的属于管制物项的数据依法实施出口管制。

我国倡导建立和谐开放共享的国际数据交易环境，积极开展数据安全治理、数据开发利用等领域的国际交流与合作，参与数据安全相关国际规则和标准的制定，促进数据跨境安全、自由流动。但我国也坚决维护自身权益和数据安全，对于任何国家或地区对我国实行的有关数据开发利用的歧视性措施采取相应的回击,坚决捍卫自身数据权利。

▶ 10. 数据处理者如何落实数据安全保护义务?

数据处理者是数据最直接的接触者,只有对其进行严格的要求,数据安全的相关制度才能得以落实,数据安全才能真正得以实现。为此,《中华人民共和国数据安全法》对其提出以下要求:

(1)数据处理者应当建立健全全流程数据安全管理制度

开展数据处理活动应当依照法律、法规的规定,建立健全全流程数据安全管理制度,组织开展数据安全教育培训,采取相应的技术措施和其他必要措施,保障数据安全。利用互联网等信息网络开展数据处理活动,应当在网络安全等级保护制度的基础上,履行上述数据安全保护义务。

(2)开展数据处理活动以及研究开发数据新技术应当符合社会公德和伦理

开展数据处理活动以及研究开发数据新技术,应当有利于促进经济社会发展、增进人民福祉,符合社会公德和伦理。

(3)开展数据处理活动应当加强风险监测

开展数据处理活动应当加强风险监测,发现数据安全缺陷、漏洞等风险时,应当立即采取补救措施;发生数据安全事件时,应当立即采取处置措施,按照规定及时告知用户并向有关主管部门报告。重要数据的处理者应当按照规定对其数据处理活动定期开展风险评估,并向有关主管部门报送风险评估报告。

(4)留存审核、交易记录

从事数据交易中介服务的机构提供服务,应当要求数据提供方说明数据来源,审核交易双方的身份,并留存审核、交易记录。

(5)不得窃取数据

任何组织、个人收集数据,应当采取合法、正当的方式,不得窃取或者以其他非法方式获取数据。

(6)积极配合国家机关依法调取数据

公安机关、国家安全机关因依法维护国家安全或者侦查犯罪的需要调取数据,应当按照国家有关规定,经过严格的批准手续,依法进行,有关组织、个人应当予以配合。

▶ 11. 政务数据安全与开放的规定有哪些?

国家机关处理国家事务中形成的政务数据也是《中华人民共和国数据安全法》规范的对象,因此,国家机关作为数据处理者,其数据处理行为也应当受到规范。区别于其他的数据,经由国家机关处理的政务数据往往与国家安全、国民经济利益等更加息息相关,处理不当会对国家安全造成威胁。同时,政务数据中又蕴含企业决策、经济发展的相关信息,政务数据公开透明有助于公民监督的同时,也有利于促进经济发展。如何平衡政务数据中涉及的国家安全利益和经济价值、如何确保政务数据安全与开放是《中华人民共和国数据安全法》的立法重点之一。

总体而言,国家的目标在于大力推进电子政务建设、提高政务数据的科学性、准确性、时效性,服务经济社会发展。为此,《中华人民共和国数据安全法》规定了国家机关在政务数据公开中应当履行的职责:

(1)依照法律、行政法规规定的条件和程序进行数据收集。国家机关为履行法定职责的需要收集、使用数据,应当在其履行法定职责的范围内依照法律、行政法规规定的条件和程序进行。

(2)对数据依法予以保密。对在履行职责中知悉的个人隐私、个人信息、商业秘密、保密商务信息等数据应当依法予以保密,不得泄露或者非法向他人提供。

(3)保障政务数据的安全。国家机关应当依照法律、行政法规的规定,建立健全数据安全管理制度,落实数据安全保护责任,保障政务数据安全。

(4)监督受托方保护数据安全。国家机关委托他人建设、维护电子政务系统,存储、加工政务数据,应当经过严格的批准程序,并应当监督受托方履行相应的数据安全保护义务。受托方应当依照法律、法规的规定和合同约定履行数据安全保护义务,不得擅自留存、使用、泄露或者向他人提供政务数据。

(5)及时准确公开政务数据。国家机关应当遵循公正、公平、便民的原则,按照规定及时、准确地公开政务数据。依法不予公开的除外。国家制定政务数据开放目录,构建统一规范、互联互通、安全可控的政务数据开放平台,推动政务数据开放利用。

▶ 12. 法律对数据跨境流动的国际合作机制的规定有哪些?

数字经济是近两年各国经济发展中的重点,而数字经济发展的关键要素是数据。在全球化经济浪潮下,数据在国际间大规模的流动成为推动国际贸易和投资的引擎。我国近年也在建立数据跨境流动的管理体系。

《中华人民共和国数据安全法》第 11 条规定,国家积极开展数据安全治理、数据开发利用等领域的国际交流与合作,参与数据安全相关国际规则和标准的制定,促进数据跨境安全、自由流动。

国际上数字经济大国主要通过双边谈判和多边合作的方式推动更加灵活的数据跨境流动国际合作。双边谈判的典型是欧盟《通用数据保护条例》项下的"充分性认定"。很多国家通过制定或修改国内法律来实现与欧盟的"充分性认定"谈判,进而进入其"白名单"。俄罗斯也对达到其认可数据保护水平的国家采用"白名单"制。

多边合作的典范一是美国正式退出《跨太平洋伙伴关系协定》后,除美国外的 11 国签署新的自由贸易协定,新名称为《全面与进步跨太平洋伙伴关系协定》。其对数据跨境流动进行了原则性规定,即除为"正当公共政策之目的"外,应允许为数据主体利益而进行的数据跨境传输。

数据跨境是大势所趋,我们应密切关注国际数据跨境流动管理发展趋势,积极参与国际合作交流,探索自身数据跨境流动管理体系和国际合作策略。

第八章　生物安全法知识

▶ 1. 生物安全的内涵是什么？

“外来物种入侵”“病毒传染”引发的安全隐患深深地影响我们的生存环境与生命健康，故防范生物安全风险、保护生物安全刻不容缓，提升生物安全能力建设不容迟疑。

习近平总书记在2020年2月14日主持召开中央全面深化改革委员会第十二次会议上强调，“生物安全问题已经成为全世界、全人类面临的重大生存和发展威胁之一，必须从保护人民健康、保障国家安全、维护国家长治久安的高度，把生物安全纳入国家安全体系”。[①] 为契合生物安全重要性显著上升的现实，2020年10月17日全国人大常委会通过了《中华人民共和国生物安全法》，为筑牢国家生物安全防线提供了法律保障，强调了优化生物安全治理体系和提升治理能力的法律路径。

《中华人民共和国生物安全法》第2条第1款规定，生物安全，是指国

① 习近平：《全面提高依法防控依法治理能力　健全国家公共卫生应急管理体系》，载《求是》2020年第5期。

家有效防范和应对危险生物因子及相关因素威胁，生物技术能够稳定健康发展，人民生命健康和生态系统相对处于没有危险和不受威胁的状态，生物领域具备维护国家安全和持续发展的能力。当前，我国生物安全领域规制的内容主要包括重大新发突发传染病、动植物疫情；生物技术研究、开发与应用；病原微生物实验室生物安全管理；人类遗传资源与生物资源安全管理；防范外来物种入侵与保护生物多样性，如重点防治巴西龟、清道夫、红火蚁等外来物种对当地生态环境及人体健康的危害；应对微生物耐药；防范生物恐怖袭击与防御生物武器威胁；等等。

在构建生物安全保障密网的全民战役中，公民个人应积极响应国家生物安全建设的号召，力所能及地提高生物安全防范意识、报告生物安全问题、保护生物安全资源、配合安全事件处置，在生物安全领域承担个人的社会责任。

▶ 2. 有关部门在什么情形下应当及时对外来物种的风险进行调查评估？

为了避免生物安全风险可能引起的“蝴蝶效应”，巩固国家安全和社会公众安全，加大对生物风险防控的关注与监测，提高外来生物风险防控治理能力，有必要加强对外来物种风险的调查评估。

《中华人民共和国生物安全法》第 3 条确立了维护生物安全的原则，即坚持以人为本、风险预防、分类管理、协同配合，故在此指导下，构建生物安全风险防控体制也应预防先行，提高科学预见生物安全风险的能力，减少突发“黑天鹅”“灰犀牛”等低概率事件。为此，国家建立生物安全风险监测预警制度和调查评估制度，以构建生物安全风险识别和分析机制，以便“风险”化为“问题”时，相关部门可以打好应急战，游刃有余地解决问题。对生物安全风险进行监测预警是发现危情险情的“哨兵”，也是对可预测风险进行综合监管、动态分析及决策支持的基础。正是基于风险监测获得的数据、资料等信息，国家有关部门才能定期组织开展生物安全风险调查评估。

就外来物种而言，其是可监控的显性外来风险，以动植物或其他生物资源为载体，传播异域生态环境要素。相对于本地生物多样性和生态环境，外来物种会因生存环境变化等原因或自行消灭或肆意生长，自行消灭对被入侵地的环境影响较小，但肆意生长会造成被入侵地生物多样性衰减、生态环境要素异变。鳄龟、福寿螺等被盲目放生到淡水中，肆意侵占了本土水域生物的生存资源，即便经过专门管理，其大量繁衍的势头仍未被遏制，这增加了我国生态环境保护的难度。因此，防范外来物种入侵与保护生物多样性也是《中华人民共和国生物安全法》规制的一项重要内容。一旦发现外来物种可能造成生物安全风险、某一外来物种在生态环境部公布的外来物种入侵名单上以及因饲养外来物种可能引发疾病的，国家有关部门应当及时对外来物种的风险进行调查评估，必要时采取控制措施。具体情形体现在《中华人民共和国生物安全法》第 15 条中：第一，通过风险监测或者接到举报发现可能存在生物安全风险；第二，为确定监督管理的重点领域、重点项目，制定、调整生物安全相关名录或者清单；第三，发生重大新发突发传染病、动植物疫情等危害生物安全的事件；第四，需要调查评估的其他情形。具体评估事项依据生态环境部制定的《外来物种环境风险评估技术导则》（HJ 624—2011）规定，包括对引进可能性大小、进入我国后建立自然种群的可能性、外来物种扩散的可能性以及会产生的生物危害进行评估。其中，对生物危害进行评估时要判断，是否对重要本地物种及自然生态系统服务功能造成损失，是否对农林业、贸易、交通运输、旅游等行业造成损失，以及外来入侵物种的可控制性、检测的难度和成本。

▶ 3. 我国生物安全信息共享和发布制度的主要内容是什么？

生物安全包含病原微生物实验室生物安全管理、防控重大新发突发传染病等诸多内容，为维护生物安全而开展的常态化事项管理和非常态化事件防控均基于生物安全信息的收集。因此，国家规定建立生物安全信息共享和发布制度，以完善生物安全信息库，防范生物安全风险。

《中华人民共和国生物安全法》第 16 条规定，国家建立生物安全信息共享制度。国家生物安全工作协调机制组织建立统一的国家生物安全信息平台，有关部门应当将生物安全数据、资料等信息汇交国家生物安全信息平台，实现信息共享。目前我国已成熟运营的生物信息平台包括国家疫苗生产菌种基因组和蛋白质数据管理平台、中国医学细菌保藏管理中心、国家菌种资源库等。

《中华人民共和国生物安全法》第 17 条第 1 款规定，国家建立生物安全信息发布制度。国家生物安全总体情况、重大生物安全风险警示信息、重大生物安全事件及其调查处理信息等重大生物安全信息，由国家生物安全工作协调机制成员单位根据职责分工发布；其他生物安全信息由国务院有关部门和县级以上地方人民政府及其有关部门根据职责权限发布。例如，农业农村部完善了农产品质量安全信息发布制度，包括农产品品质公告制度、禁用限用农业投入品公告制度等。自然资源部等五部门指示应强化跨境、跨区域外来物种入侵信息跟踪，建设分级管理的大数据智能分析预警平台,强化部门间数据共享,规范预警信息管理与发布。由前述可知,国家生物安全信息发布主体是政府及政府部门,其他科研单位等可以如实发布科研结果、普及生物安全知识,但法律禁止任何单位和个人编造、散布虚假的生物安全信息,以防扰乱社会秩序。若违反《中华人民共和国生物安全法》的规定,编造、散布虚假的生物安全信息,构成违反治安管理行为,由公安机关依法给予治安管理处罚。

另外,《中华人民共和国生物安全法》第 26 条第 2 款还强调,有关单位和个人的生物安全违法信息应当依法纳入全国信用信息共享平台。多方保障生物安全信息的准确性和激励生物安全相关行为人保证自己的行为合法合规。

▶ 4. 病毒是否纳入我国生物安全名录?

法律按照社会危害程度、影响范围等因素对自然灾害、事故灾难、公共卫生事件分为特别重大、重大、较大和一般四级,以集中资源分级应对突发事件的发生,控制、减轻和消除突发事件引起的严重社会危害,及时稳定社会秩序。

由此可见,“分类分级”是提高管理效率,优化资源配置的原则之一,其包括了信息公开和信息整理的基本内容。而生物安全领域需关注生物多样性、生物风险防控等诸多规制事项,理应以重点的目录清单为基础,分类分级地规范生物安全防控体制的构建。《中华人民共和国生物安全法》第 18 条规定,国家建立生物安全名录和清单制度。国务院及其有关部门根据生物安全工作需要,对涉及生物安全的材料、设备、技术、活动、重要生物资源数据、传染病、动植物疫病、外来入侵物种等制定、公布名录或者清单，并动态调整。通过形成统一有效、明晰准确的生物安全名录和清单，以动态化管理的模式应对纷繁复杂的生物安全形势。并且在分级分类的指导下，科学评估生物种类的稀缺性、生物安全风险的危害性以及生物安全风险防控的紧迫性，以合理配置国家和社会资源，提高巩固生物安全的效率，优化生物安全信息基础和治理能力。

目前，国家生物安全名录和清单制度主要体现于生物安全病毒等级分类名录、人间传染的病原微生物名录、人畜共患传染病名录、进境动物检疫疫病名录、法定传染病分类名录和外来入侵物种名单。第一，根据我国 2017 年发布的《病原微生物实验室生物安全通用准则》（WS 233—2017），涉及病原微生物操作的实验室分为四大等级：一级（BSL－1）、二级（BSL－2）、三级（BSL－3）、四级（BSL－4）。其中四级（BSL－4）安全等级最高，所能检测病原微生物的危险性也最高；向下依次递减。具体安全等级解释如下：一级实验室：适用于通常不会引起人类或者动物致病的微生物，如非致病性的大肠杆菌。二级实验室：适用于能引起人类或者动物疾病，但一般不构成严重危害，传播风险有限，且具备有效治疗和预防措施的微生物，如甲流病毒、乙肝病毒。三级实验室：适用于能引起人类或者动物严重疾病，比较容易传播的微生物，如 SARS、HIV。四级实验室：适用于能够引起人类或者动物非常严重疾病的微生物，我国尚未发现或者已经宣布消灭的微生物，如天花病毒、埃博拉病毒。① 第二，人间传染的病原微生物名录分病毒、细菌和真菌三部分。根据原卫生部 2006 年 1 月 11 日印发的《人间传染的病原微生物名录》（2023 年修订后更名为《人间传染的病原微生物目录》），病毒按照危害性由高到低分为四类，就

---

① 参见天隆科技：《一文读懂实验室生物安全和个人防护分级那些事》，载百家号网 2020 年 3 月 12 日，https://baijiahao.baidu.com/s?id=1660957792824046659。

日常听说的病毒性疾病而言,2010 年肆虐西非的埃博拉病毒属于第一类、已经被医学可预防的天花病毒也属于第一类、小儿易得的脊髓灰质炎病毒属于第二类等。细菌和真菌按照危害性由高到低分为第二类和第三类,大部分可被人类认识的细菌和真菌易被防治。第三,农业农村部整理发布了人畜共患传染病名录,常见的包括狂犬病、炭疽、弓形虫病、高致病性禽流感、沙门氏菌病、牛结核病、日本血吸虫病、猪乙型脑炎、Q 热、禽结核病等。第四,农业农村部和海关总署根据新形势于 2020 年调整公布了新的进境动物检疫疫病名录,包括进出口中常见的非洲猪瘟、结核病,系统整理了会引起牛病、马病、猪病、禽病、羊病、水生动物病、蜂病等多种传染病和寄生虫病。第五,中国目前的法定报告传染病依危害程度的大小分为甲、乙、丙 3 类,共 40 种。甲类传染病包括鼠疫和霍乱;乙类传染病包括传染性非典型性肺炎、人感染高致病性禽流感、病毒性肝炎、麻疹等,国家卫健委发布 2020 年第 1 号文将新型冠状病毒感染纳入我国法定传染病乙类管理;丙类传染病包括麻风病、流行性感冒、手足口病等。就管理政策而言,甲类传染病需强制管理,乙类传染病应严格管理,丙类传染病要监测管理。第六,《2020 中国生态环境状况公报》显示全国已发现 660 多种外来入侵物种,第四批《中国自然生态系统外来入侵物种名单》记录了枣实蝇、野燕麦、松树蜂等新入侵物种。

病毒被纳入生物安全目录,而且,国家根据病毒的危害程度对其进行了严格的分级管理,不同类别的病毒应分别在对应级别的实验室进行研究。

▶ 5. 我国针对境外重大生物安全事件有哪些主要内容？

当前，国际交流更加频繁，境外生物安全事件频发，我国面临的生物安全风险不断加剧，形势日益严峻。在未对急性传染病和未攻克的传染病等境外重大生物安全事件有科学预见与防控方法的前提下，境外的重大生物安全事件都会对国内产生较大影响。因此，国门生物安全直接关系国家安全、人民健康和社会安定，理应从海关把好国门抓起，防范境外生物安全的突发事件。

为此，《中华人民共和国生物安全法》第 24 条规定，国家建立境外重大生物安全事件应对制度。境外发生重大生物安全事件的，海关依法采取生物安全紧急防控措施，加强证件核验，提高查验比例，暂停相关人员、运输工具、货物、物品等进境。必要时经国务院同意，可以采取暂时关闭有关口岸、封锁有关国境等措施。

除了境外发生重大生物安全事件后的应急措施，海关也应坚持常态化风险管控机制。第一，认真落实生物安全国家准入制度，即进出境的人员、运输工具、集装箱、货物、物品、包装物和国际航行船舶压舱水排放等应当符合我国生物安全管理要求。海关对发现的进出境和过境生物安全风险，应当依法处置。经评估为生物安全高风险的人员、运输工具、货物、物品等，应当从指定的国境口岸进境，并采取严格的风险防控措施。第二，严格执行《中华人民共和国进出境动植物检疫法》以及《中华人民共和国生物安全法》第 27 条对进出境动植物检疫的要求，建立进出境检疫监测网络，组织监测站点布局、建设，完善监测信息报告系统，开展主动监测和病原检测，并纳入国家生物安全风险监测预警体系。第三，加强国境、口岸传染病和动植物疫情联合防控能力建设,建立传染病、动植物疫情防控国际合作网络,尽早发现、控制重大新发突发传染病、动植物疫情。

只有加强海关出入境管理,把控好与境外解除的第一道关口,才能在面对境外重大生物安全事件时与危险建立隔离屏障,为国内防控风险争取时间、做足准备。

▶ 6. 从事生物技术研究、开发与应用活动应坚持什么原则?

生物技术研发与人类的生存、繁衍息息相关。人们已经在生产和生活实践中积累了很多与生物安全有关的知识,如哪些食物是可以食用的,哪些食物是有毒性的,哪些微生物是有益的,哪些是致病性的,这些可以说都是早期的生物安全知识。现代的生物安全概念最早是与操作病源微生物相关的。从生物技术或生物科学的发展阶段来看,生物安全的内涵与外延至少覆盖生物技术及其成果开发的全过程,包括但不限于生物研究、生物资源开发、生物技术发展、生物资源改造以及生物资源的回收与再利用等。正是由于生物安全技术对人们的生存及生活有全过程式甚至颠覆性的影响,因此,生物技术研究、开发与应用活动更需要人们对其进行道德反思、法律规制。

结合当前我国生物技术研发热潮的现实情况,基于系统认识生物安全的重要性以及科学评估生物技术风险的未知性,从事生物技术研发与应用活动时应该坚持预防原则、伦理原则。

第一,坚持预防原则。生物安全立法中的风险预防原则,是指为了保障自然人、国家、社会的安全利益,保护生物多样性,防范外来物种入侵,维护生态系统稳定与安全,在发展生物技术以及生物技术及其产品的产业化过程中所普遍适用的、具有法律约束力，用于防范和控制生物风险的原则性规定。生物技术研发和应用过程中贯彻预防原则，应该做到生物安全技术危险评估、生物技术安全评价和技术风险防范。第二，坚持伦理原则。《中华人民共和国生物安全法》第34条第1款规定，国家加强对生物技术研究、开发与应用活动的安全管理，禁止从事危及公众健康、损害生物资源、破坏生态系统和生物多样性等危害生物安全的生物技术研究、开发与应用活动。同时，第2款进一步强调了从事生物技术研究、开发与应用活动，应当符合伦理原则。科技部印发的《生物技术研究开发安全管理办法》第3条也强调了从事生物技术研究开发活动，应当遵守法律、行政法规，尊重社会伦理，不得损害国家安全、公共利益和他人合法权益，不得违反中华人民共和国相关国际义务和承诺。因此，在法律法规不断强调技术不得损害人类利益的前提下，应将符合伦理原则作为生物技术开发的核心原则，不破坏人们的道德情感，不引发巨大的社会争议，不破坏人类生存的社会秩序。《中华人民共和国生物安全法》第40条细化规定，从事生物医学新技术临床研究，应当通过伦理审查，并在具备相应条件的医疗机构内进行。

除此之外，随着生物技术的发展，各生物技术领域有不同的伦理原则：在人体医学实验方面，《赫尔辛基宣言》提出了保护人权、有害即止、知情同意等原则；在人类基因组研究和成果应用方面，《世界人类基因组与人权宣言》提出不伤害和有利、知情同意、公正、保护隐私的原则；在人类胚胎干细胞研究方面，国家人类基因组南方研究中心伦理委员会提出的伦理原则是：行善和救人、尊重和自主、无伤和有利、谨慎和保密、知情和同意。

▶ 7. 国家对病原微生物的生物安全有哪些要求？

如今仍然威胁人类生命安全的结核病、艾滋病、狂犬病、疟疾等疾病的罪魁祸首是病原微生物，当病原体在宿主体中进行生长繁殖、释放毒性物质并引起机体发生病理变化后，个人病原体感染会因为人与人的交往与接触演变为群体传染，最终在无有效医治方法的情况下，可能上升为严重的卫生事件。常见的传染病多与动植物疫病有关，国家颁布《中华人民共和国动物防疫法》《中华人民共和国进出境动植物检疫法》防控动植物携带的病原微生物。除了自然界传播的病原微生物外，为全面提高生物安全治理能力，国家着重对实验室人为操作的病原微生物进行管理。主要从病原微生物本身的分类管理、全过程管理和病原微生物实验室的严格管理出发。

第一，分类管理病原微生物。《病原微生物实验室生物安全管理条例》第 7 条根据病原微生物的传染性、感染后对个体或者群体的危害程度，将病原微生物分为四类：第一类病原微生物，是指能够引起人类或者动物非常严重疾病的微生物，以及我国尚未发现或者已经宣布消灭的微生物；第二类病原微生物，是指能够引起人类或者动物严重疾病，比较容易直接或者间接在人与人、动物与人、动物与动物间传播的微生物；第三类病原微生物，是指能够引起人类或者动物疾病，但一般情况下对人、动物或者环境不构成严重危害，传播风险有限，实验室感染后很少引起严重疾病，并且具备有效治疗和预防措施的微生物；第四类病原微生物，是指在通常情况下不会引起人类或者动物疾病的微生物。其中，第一类、第二类病原微生物统称为高致病性病原微生物。通过建立病原微生物的分类目录，提醒人们采取防范措施以减少疾病。

第二，全过程管理病原微生物。在采集病原微生物样本方面，应具有与采集病原微生物样本所需要的生物安全防护水平相适应的设备、掌握相关专业知识和操作技能的工作人员、有效地防止病原微生物扩散和感染的措施和保证病原微生物样本质量的技术方法和手段。在运输病原微生物方面，应注意高致病性病原微生物菌（毒）种或者样本，应当通过陆路运输；没有陆路通道，必须经水路运输的，可以通过水路运输；紧急情况下或者需要将高致病性病原微生物菌（毒）种或者样本运往国外的，可以通过民用航空运输。有关单位或者个人不得通过公共电（汽）车和城市铁路运输病原微生物菌（毒）种或者样本。运输高致病性病原微生物菌（毒）种或者样本应符合以下条件：(1)运输目的、高致病性病原微生物的用途和接收单位符合国务院卫生主管部门或者兽医主管部门的规定；(2)高致病性病原微生物菌（毒）种或者样本的容器应当密封，容器或者包装材料还应当符合防水、防破损、防外泄、耐高（低）温、耐高压的要求；(3)容器或者包装材料上应当印有国务院卫生主管部门或者兽医主管部门规定的生物危险标识、警告用语和提示用语。应当由不少于 2 人的专人护送，并采取相应的防护措施。在保藏方面，应由国务院卫生主管部门或者兽医主管部门指定的菌（毒）种保藏中心或者专业实验室（以下简称保藏机构）承担集中储存病原微生物菌（毒）种和样本的任务。保藏机构应当制定严格的安全保管制度，做好病原微生物菌（毒）种和样本进出和储存的记录，建立档案制度，并指定专人负责。对高致病性病原微生物菌（毒）种和样本应当设专库或者专柜单独储存。

第三，严格管理病原微生物实验室。《中华人民共和国生物安全法》第五章和《病原微生物实验室生物安全管理条例》第三章是对病原微生物实验室的专章规制，主要内容包括：(1)设立病原微生物实验室，应当依法取得批准或者进行备案。个人不得设立病原微生物实验室或者从事病原微生物实验活动。(2)对病原微生物实验室实行分等级管理，依生物安全等级水平，由低到高设立1～4级实验室。(3)高等级病原微生物实验室从事高致病性或者疑似高致病性病原微生物实验活动，应当经省级以上人民政府卫生健康或者农业农村主管部门批准，并将实验活动情况向批准部门报告。(4)审核进入高等级病原微生物实验室的人员，进入高等级病原微生物实验室的人员应当经实验室负责人批准。对可能影响实验室生物安全的，不予批准；对批准进入的，应当采取安全保障措施。

▶ 8. 从事哪些利用遗传资源与生物资源的活动需要经过科学技术部批准或备案？

2018年10月24日，科学技术部公布对人类遗传资源监管的罚单，经调查发现，华大基因(华大科技)未经许可，将部分人类遗传资源信息从网上传递出境；药明康德将5000余份人血清作为犬血浆违规出境；艾德生物违规转运接收已获批项目的剩余样本。人类遗传资源和生物资源安全是维护国家生物安全的重要方面。

《中华人民共和国生物安全法》第56条规定了应当经国务院科学技术主管部门(即科学技术部)批准利用遗传资源与生物资源的情形。第一，采集我国重要遗传家系、特定地区人类遗传资源或者采集国务院科学技术主管部门规定的种类、数量的人类遗传资源。如需采集5人以上患有家族遗传性疾病的遗传资源。第二，保藏我国人类遗传资源，如国家鼓励科研机构、高等学校、医疗机构、企业依照法定程序和根据自身条件及相关研究开发需求开展人类遗传资源保藏工作。第三，利用我国人类遗传资源开展国际科学研究合作。第四，将我国人类遗传资源材料运送、邮寄、携带出境。

此外，《中华人民共和国生物安全法》第56条第3款、第57条规定了利用我国人类遗传资源和遗传信息需向科学技术部备案的活动。第一，为了取得相关药品和医疗器械在我国上市许可，在临床试验机构利用我国人类遗传资源开展国际合作临床试验、不涉及人类遗传资源出境的，应在开展临床试验前将拟使用的人类遗传资源种类、数量及用途向科学技术部备案。第二，将我国人类遗传资源信息向境外组织、个人及其设立或者实际控制的机构提供或者开放使用的，应当向科学技术部事先报告并提交信息备份。结合《中华人民共和国人类遗传资源管理条例》第28条第1款的规定，向境外提供遗传资源和信息的内容可能影响我国公众健康、国家安全和社会公共利益的，应当通过国务院科学技术行政部门组织的安全审查。

▶ 9. 我国加强外来物种入侵防范和应对的管理规定有哪些？

外来物种入侵，是指对生态系统、栖境、物种带来威胁或危害的非本地物种，经自然或人为的途径从境外传入，影响我国生态环境，损害农林牧渔业可持续发展和生物多样性。外来入侵物种可能因入侵地域没有制约其的物种而损坏当地的生态环境，打破生态系统平衡，严重破坏生物多样性，甚至通过自然界对人类产生健康威胁、扰乱社会秩序。为维护我国生物种群的增长率、维持生物安全的基本环境，《中华人民共和国生物安全法》第60条原则性地规定，国家加强对外来物种入侵的防范和应对，保护生物多样性。国务院农业农村主管部门会同国务院其他有关部门制定外来入侵物种名录和管理办法。国务院有关部门根据职责分工，加强对外来入侵物种的调查、监测、预警、控制、评估、清除以及生态修复等工作……后经国务院同意，农业农村部、自然资源部、生态环境部、海关总署和国家林业和草原局五部门颁布了《进一步加强外来物种入侵防控工作方案》。争取到2025年，外来入侵物种状况基本摸清，法律法规和政策体系基本健全，联防联控、群防群治的工作格局基本形成，重大危害入侵物种扩散趋势和入侵风险得到有效遏制。到2035年，外来物种入侵防控体制机制更加健全，重大危害入侵物种扩散趋势得到全面遏制，外来物种入侵风险得到全面管控。具体实践应从以下方面着手：

第一，开展外来入侵物种普查和监测预警。以我国初步掌握的外来入侵物种为基础，在农田、渔业水域、森林、草原、湿地等各区域，启动外来入侵物种普查，通过3年左右的时间，摸清我国外来入侵物种的种类数量、分布范围、危害程度等情况。按照全国统一部署、部门分工协作、地方分级负责、各方共同参与的原则，扎实开展普查工作。普查工作经费按照事权与支出责任相匹配的原则，由中央财政和地方财政按规定分别安排。依托国土空间基础信息平台等构建监测预警网络，在边境地区及主要入境口岸、粮食主产区、自然保护地等重点区域，以农作物重大病虫、林草外来有害生物为重点，布设监测站（点），组织开展常态化监测。强化跨境、跨区域外来物种入侵信息跟踪，建设分级管理的大数据智能分析预警平台，强化部门间数据共享，规范预警信息管理与发布。

第二，加强外来物种引入管理。依法严格外来物种引入审批，强化引入后使用管控，任何单位和个人未经批准不得擅自引进、释放或者丢弃外来物种。开展从境外引进农作物和林草种子苗木、进境动植物及其产品风险分析，规范外来物种引入检疫审批和入侵风险评估，实行外来物种分级分类管理。加强外来物种引入后使用和经营行为的监督管理，使用和经营单位或个人要采取安全可靠的防范与应急处置措施，防止引入物种逃逸、扩散造成危害。加大对未经批准擅自引进、释放或者丢弃外来物种行为的打击力度。

第三，加强外来入侵物种口岸防控。完善风险预警和应急处理机制，强化入境货物、运输工具、快件、邮件、旅客行李、跨境电商、边民互市等渠道的检疫监管，对截获的外来入侵物种进行严格处置。发挥海关反走私综合治理作用，严厉打击非法引进、携带、邮递、走私外来物种的违法行为，有效堵截外来物种非法入境渠道。加强口岸查验设施设备配备，提升实验室检疫、检测、鉴定技术水平，提高海关口岸把关能力，筑牢外来入侵物种口岸检疫防线。

第四，加强农业外来入侵物种治理。加强农田、渔业水域等区域外来入侵物种治理，落实阻截防控措施，坚决守住粮食安全底线。当前重点做好草地贪夜蛾、马铃薯甲虫、苹果蠹蛾、红火蚁等重大危害种植业生产外来物种阻截防控，坚持分类施策、治早治小、全力扑杀，在关键区域布设阻截带，集成绿色防控技术模式，建立综合治理示范区。强化水生外来物种养殖环节监管，推进水葫芦、福寿螺、鳄雀鳝等水生外来入侵物种综合治理。加强对危害农业生态环境的紫茎泽兰、豚草等外来入侵恶性杂草的综合治理，加强生物防治和生物替代，稳妥开展集中灭除。

第五，加强森林草原湿地等区域外来入侵物种治理。结合有关生态保护修复工程建设，抓好松材线虫、美国白蛾、互花米草、薇甘菊等重大林草外来入侵物种治理。实施松材线虫病防控攻坚行动等重点治理工程，坚持分区分级，推进精准治理。开展少花蒺藜草、黄花刺茄等危害森林草原湿地生态系统的恶性入侵杂草综合治理。加强自然保护地外来入侵物种综合治理。推进城乡绿化区域外来入侵物种治理。依托生物多样性保护重大工程,推进生物多样性保护优先区域等重点区域入侵物种治理。加强江河湖泊及河口外来入侵物种治理。

第六,加强科技攻关。优化科技资源布局,加强外来物种入侵防控基础研究、关键技术研发、集成示范应用。在基础研究方面,加强对外来入侵物种认定标准、扩散规律、危害机理、损失评估等方面的研究。在关键技术研发方面,针对口岸查验、应急扑灭、生物防治和生态修复等关键环节,加快研发快速鉴定、高效诱捕、生物天敌等实用技术、产品与设备。在集成示范应用方面,开展综合防控技术试点示范,建设天敌繁育基地,探索社会化治理,形成可复制、易推广的综合治理技术模式和成果。

第七,完善防控管理体制。建立外来入侵物种防控部际协调机制,由农业农村部、自然资源部、生态环境部、海关总署、国家林业和草原局、教育部、科学技术部、财政部、住房城乡建设部、中科院等部门组成,农业农村部负责同志担任召集人,其他部门负责同志担任成员,办公室设在农业农村部。部际协调机制各成员单位明确部门职责分工,加强联合会商,密切配合、统筹协调解决外来物种入侵防控重大问题,协同抓好外来入侵物种防控工作。建立外来物种入侵防控专家委员会,加强防控工作政策咨询、技术支撑。落实外来物种入侵治理属地责任,各省(区、市)人民政府要加强组织领导,完善政策措施,加强经费保障,落实防控要求。探索建立跨行政区域外来入侵物种防控联动协作机制。

第八,加强宣传教育培训。利用互联网、移动终端、广播电视等各种媒介,加强外来物种入侵防控科普宣传,形成全社会共同参与的良好氛围。结合全民国家安全教育日、国际生物多样性日、世界环境日等主题宣传活动,强化相关法律法规和政策解读,普及外来物种入侵防控知识。加强技术培训，提升基层人员外来物种入侵防控专业能力。将外来物种入侵防控作为大中小学国家安全教育的重要内容，探索参与式、实践式教育，引导提升广大青少年外来物种入侵防控意识。

▶ 10. 我国防范生物恐怖与生物武器威胁的举措包括哪些？

生物恐怖，是指故意使用致病性微生物、生物毒素等实施袭击，损害人类或者动植物健康，引起社会恐慌，企图达到政治目的的行为。生物武器是对以生物战剂杀伤有生力量和破坏植物生长的各种武器、器材的总称，生物战剂包括立克次体、病毒、毒素、衣原体、真菌等。生物武器具有致命性、传染性强、危害时间长、难以发现等特点，生物恐怖行为也严重损害着人们的身心健康，故应加强防范生物恐怖与生物武器威胁。《中华人民共和国生物安全法》第 61 条第 1 款规定，国家采取一切必要措施防范生物恐怖与生物武器威胁。明确了我国坚决反对生物恐怖和禁止生物武器的态度。就防范生物恐怖与生物武器威胁的制度构建与采取措施而言：第一，禁止开发、制造或者以其他方式获取、储存、持有和使用生物武器。禁止以任何方式唆使、资助、协助他人开发、制造或者以其他方式获取生物武器。第二，国务院有关部门制定、修改、公布可被用于生物恐怖活动、制造生物武器的生物体、生物毒素、设备或者技术清单，加强监管，防止其被用于制造生物武器或者恐怖目的。商务部发布的《生物两用品及相关设备和技术出口管制清单》表示，列入该清单实行出口管制的物项，主要依据生物双用途特性，尤其是非和平目的应用的风险程度而确定。第三，国务院有关部门、省级人民政府及其有关部门负责组织遭受生物恐怖袭击、生物武器攻击后的人员救治与安置、环境消毒、生态修复、安全监测和社会秩序恢复等工作。第四,国务院有关部门、省级人民政府及其有关部门应当有效引导社会舆论科学、准确报道生物恐怖袭击和生物武器攻击事件,及时发布疏散、转移和紧急避难等信息,对应急处置与恢复过程中遭受污染的区域和人员进行长期环境监测和健康监测。第五,国家组织开展对我国境内战争遗留生物武器及其危害结果、潜在影响的调查,并组织建设存放和处理战争遗留生物武器设施,保障对战争遗留生物武器的安全处置。

第九章　反恐怖主义法知识

▶ 1. 恐怖主义、恐怖活动指的是什么？

为了防范和惩治恐怖活动，加强反恐怖主义工作，维护国家安全、公共安全和人民生命财产安全，也为了履行维持社会秩序的宪法义务，国家制定了《中华人民共和国反恐怖主义法》。该法第 3 条第 1 款指出，恐怖主义，是指通过暴力、破坏、恐吓等手段，制造社会恐慌、危害公共安全、侵犯人身财产，或者胁迫国家机关、国际组织，以实现其政治、意识形态等目的的主张和行为。应反对一切形式的恐怖主义。

根据《中华人民共和国反恐怖主义法》第 3 条第 2 款的规定，恐怖活动，是指具有恐怖主义性质的行为，包括：第一，组织、策划、准备实施、实施造成或者意图造成人员伤亡、重大财产损失、公共设施损坏、社会秩序混乱等严重社会危害的活动的；第二，宣扬恐怖主义，煽动实施恐怖活动，或者非法持有宣扬恐怖主义的物品，强制他人在公共场所穿戴宣扬恐怖主义的服饰、标志的；第三，组织、领导、参加恐怖活动组织的；第四，为恐怖活动组织、恐怖活动人员、实施恐怖活动或者恐怖活动培训提供信息、资金、物资、劳务、技术、场所等支持、协助、便利的；第五，其他恐怖活动。

我国始终反对一切形式的恐怖主义,不向任何恐怖活动组织和人员作出妥协,不向任何恐怖活动人员提供庇护或者给予难民地位。在防范国内暴恐事件方面,国家定期组织反恐综合演习、公布恐怖分子名单、完善反恐怖主义法律法规、加强对民众的反恐培训、深化与周边国家的反恐交流与合作。通过一系列的切实行动表明我国坚决反恐的态度,促进反恐领域不断取得显著成果。

▶ 2. 我国加强反恐怖主义安全防范的法律规定有哪些?

从恐怖主义的内涵和特点可以看出,恐怖主义形式多样,不仅包括国内外以实现一定政治意图为目的的破坏领土和主权完整的恐怖分子,也包括制造社会恐慌、危害公共安全的个人恐怖主义。当恐怖主义的阴影笼罩全社会时,每个人都不能置身事外,反恐怖主义安全防范义务应落实到每个社会公众。

《中华人民共和国反恐怖主义法》第三章专章规定了不同社会主体践行安全防范义务可采取的措施,主要内容包括反恐怖主义宣传教育、基础设施运营防范、重点物品和单位管控、国境管控与防范境外风险。第一,通过开展反恐怖主义宣传教育,提高全社会的反恐意识。教育、人力资源行政主管部门和学校、有关职业培训机构应当将恐怖活动预防、应急知识纳入教育、教学、培训的内容。新闻、广播、电视、文化、宗教、互联网等有关单位,应当有针对性地面向社会进行反恐怖主义宣传教育。村民委员会、居民委员会应当协助人民政府以及有关部门,加强反恐怖主义宣传教育。第二,通过把控基础设施运营的各个关口,遏制恐怖主义的传播。其中,电信业务经营者、互联网服务提供者应落实网络安全、信息内容监督制度，防止含有恐怖主义、极端主义内容的信息传播；发现含有恐怖主义、极端主义内容的信息的，应当立即停止传输，保存相关记录，删除相关信息，并向公安机关或者有关部门报告。而铁路、公路、水上、航空的货运和邮政、快递等物流运营单位应当实行安全查验制度，对客户身份进行查验，依照规定对运输、寄递物品进行安全检查或者开封验视。对禁止运输、寄递，存在重大安全隐患，或者客户拒绝安全查验的物品，不得运输、寄递。电信、互联网、金融、住宿、长途客运、机动车租赁等业务经营者、服务提供者，应当对客户身份进行查验。对身份不明或者拒绝身份查验的，不得提供服务。第三，重点监管风险较大的物品和可能涉恐怖主义的目标单位。溯源追踪枪支等武器、管制器具、危险化学品等可被用作恐怖袭击手段的重点物品，要求重点目标单位履行以下职责：制定防范和应对处置恐怖活动的预案、措施，定期进行培训和演练；建立反恐怖主义工作专项经费保障制度，配备、更新防范和处置设备、设施；定期向公安机关和有关部门报告防范措施落实情况；等等。第四，要把好边境反恐的第一道门，防范境外风险。海关、出入境边防检查机关发现恐怖活动嫌疑人员或者涉嫌恐怖活动物品的，应当依法扣留，并立即移送公安机关或者国家安全机关；驻外机构应加强对有关人员、设施、财产的安全保护。

除了法律对政府及重点管控行业和单位的规定外，社会公众在主动接受普法宣传、积极报告可疑信息外，还需了解常见的恐怖袭击手段，掌握恐怖袭击救生要领。例如，常规袭击手段包括爆炸、枪击、挟持、纵火；遇到爆炸袭击时，应尽快离开爆炸发生地，捂住口鼻以防吸入有害烟雾，及时向救援人员发送信号等；遇到枪击袭击时，应找到遮蔽物，不随意走动；遇到挟持袭击时，应沉着冷静，不激怒恐怖分子，以财产换生命等；遇到纵火袭击时，不宜乱跑乱撞，灵活选择逃生通道，捂住口鼻、向救援人员展示显眼的求救信号等。

▶ 3. 公安机关针对反恐怖主义开展哪些工作?

习近平总书记在2014年4月25日中共中央政治局就切实维护国家安全和社会安定进行第十四次集体学习时指出,“反恐怖斗争事关国家安全,事关人民群众切身利益,事关改革发展稳定全局,是一场维护祖国统一、社会安定、人民幸福的斗争,必须采取坚决果断措施,保持严打高压态势,坚决把暴力恐怖分子嚣张气焰打下去”。[①] 公安机关的任务是维护国家安全,维护社会治安秩序,保护公民的人身安全、人身自由和合法财产,保护公共财产,预防、制止和惩治违法犯罪活动,保障改革开放和社会主义现代化建设的顺利进行。而公安机关的人民警察按照职责分工,承担依法履行预防、制止和侦查违法犯罪活动;维护社会治安秩序,制止危害社会治安秩序的行为;管理枪支弹药、管制刀具和易燃易爆、剧毒、放射性等危险物品;维护国(边)境地区的治安秩序等职责。

为应对境内外安全形势的变化,2001年10月,国家反恐怖工作协调小组成立,办公室设在公安部;2002年2月,公安部反恐怖局正式成立,承担公安反恐工作,同时履行国家反恐办职能;2013年8月,国家反恐怖工作协调小组更名为国家反恐怖工作领导小组。一直以来,全国公安反恐部门紧密结合国际、国内反恐形势,健全反恐怖工作格局,完善反恐怖

① 《习近平:切实维护国家安全和社会安定》,载《人民日报》2014年4月27日,第1版。

工作体系，加强反恐怖力量建设。[1]《中华人民共和国反恐怖主义法》第8条第1款规定，公安机关、国家安全机关和人民检察院、人民法院、司法行政机关以及其他有关国家机关，应当根据分工，实行工作责任制，依法做好反恐怖主义工作。结合该法赋予公安机关的执法权限，其在反恐过程中应该开展的工作主要包括以下内容：

第一，采取反恐安全防范措施。有关单位和个人向公安机关报告涉恐信息后，公安机关有权采取责令停止活动、扣押违禁物品、评估确定和监督防范恐怖袭击重点目标、进行口岸巡逻和查验、加强对境外人员的保护等措施。

第二，巩固基层情报信息工作力量。公安机关应发挥密切联系群众的优势，依靠群众，加强基层基础工作，建立基层情报信息工作力量，提高反恐怖主义情报信息工作能力。必要时可经批准采取技术侦察措施。

第三，针对恐怖活动展开调查。在国家反恐怖主义工作机构的领导下，公安机关依托完善的组织、成熟的机制和深入群众的优势，最便于对前期不易发现的恐怖活动嫌疑展开调查。公安机关调查恐怖活动嫌疑，依法可对嫌疑人员进行盘问、检查、传唤，提取血液等生物样本，调取相关材料，查封、扣押、冻结财产、限制活动范围等。确有犯罪事实的，应当依照刑事诉讼法的规定立案侦查；未立案侦查的，应当解除有关措施。

第四，应急处置恐怖事件。一旦发生恐怖袭击，公安机关应积极组织营救和救治受害人员，疏散、撤离并妥善安置受到威胁的人员以及采取其他救助措施，如水电抢修等。为防止二次恐怖袭击，可在特定区域实施生产经营活动、交通、通讯、出入境管制，必要时可先征用单位或个人财产。

---

① 参见《新中国成立70年来公安反恐怖工作成就回眸》，载澎湃网2019年9月22日，https://www.thepaper.cn/newsDetail_forward_4495931。

第五，保障反恐专业力量。公安机关应当依法建立反恐怖主义专业力量，加强专业训练，配备必要的反恐怖主义专业设备、设施，保障基层的反恐力量。

▶ 4. 火车站是否属于防范恐怖袭击的重点目标，火车站管理委员会应履行什么职责？

根据《中华人民共和国反恐怖主义法》第 31 条的规定，公安机关应会同有关部门对遭受恐怖袭击的可能性较大以及遭受恐怖袭击可能造成重大的人身伤亡、财产损失或者社会影响的单位、场所、活动、设施等进行评估，将其确定为防范恐怖袭击的重点目标，并报本级反恐怖主义工作领导机构备案。由于火车站客流量大，恐怖分子易隐蔽、易逃跑且伤害范围大，其遭受恐怖袭击可能造成重大的人身伤亡、财产损失。因此，火车站属于防范恐怖袭击的重点目标。

依《中华人民共和国反恐怖主义法》第 32 ~ 34 条，火车站管理委员会依法履行的职责包括：(1) 制定防范和应对处置恐怖活动的预案、措施，定期进行培训和演练。(2) 建立反恐怖主义工作专项经费保障制度，配备、更新防范和处置设备、设施。(3) 指定相关机构或者落实责任人员，明确岗位职责。(4) 实行风险评估，实时监测安全威胁，完善内部安全管理。(5) 定期向公安机关和有关部门报告防范措施落实情况。(6) 建立公共安全视频图像信息系统值班监看、信息保存使用、运行维护等管理制度，保障相关系统正常运行。采集的视频图像信息保存期限不得少于 90 日。(7) 对本单位重要岗位人员进行安全背景审查。(8) 对来往人员进行安全检查，发现违禁品和管制物品，应当予以扣留并立即向公安机关报告；发现涉嫌违法犯罪人员，应当立即向公安机关报告。

火车站管理委员会应积极承担维护公共安全、防范恐怖活动的义务，若其未按规定制定防范和应对处置恐怖活动的预案，未建立专项经费或未配备防范和处置设备，未对重要岗位人员进行安全审查背景，未建立公共安全视频图像信息系统值班监看、信息保存使用、运行维护等管理制度，由公安机关给予警告，并责令改正；拒不改正的，处 10 万元以下罚款，并对其直接负责的主管人员和其他直接责任人员处 1 万元以下罚款。

如果我们真实地在火车站遇到恐怖袭击，应沉着冷静，避免与恐怖分子的正面冲撞，及时找掩体保护自己或者逃离事发地，在未被恐怖分子控制时及时拨打“110”向公安机关报告。

▶ 5. 恐怖主义事件发生后，发生地反恐怖主义工作领导机构应作何种处理？

恐怖主义事件发生后，发生地反恐怖主义工作领导机构作为反恐活动的指导机构，应依法履行以下责任，及时处理恐怖主义事件。

第一，依《中华人民共和国反恐怖主义法》第 56 ~ 57 条的规定，启动恐怖事件应急预案，确定指挥长。应对处置恐怖事件，各级反恐怖主义工作领导机构应当成立由有关部门参加的指挥机构，实行指挥长负责制。反恐怖主义工作领导机构负责人可以担任指挥长，也可以确定公安机关负责人或者反恐怖主义工作领导机构的其他成员单位负责人担任指挥长。恐怖事件发生后，发生地反恐怖主义工作领导机构应当立即启动恐怖事件应对处置预案，确定指挥长。上级反恐怖主义工作领导机构可以对应对处置工作进行指导，必要时调动有关反恐怖主义力量进行支援。

需要进入紧急状态的，由全国人民代表大会常务委员会或者国务院依照宪法和其他有关法律规定的权限和程序决定。

第二，《中华人民共和国反恐怖主义法》第 60 条强调应对处置恐怖事件，应当优先保护直接受到恐怖活动危害、威胁人员的人身安全。同时，负责应对处置的反恐怖主义工作领导机构应依据该法第 61 条及时采取具体可行的应急措施，包括：组织营救和救治受害人员，疏散、撤离并妥善安置受到威胁的人员以及采取其他救助措施；封锁现场和周边道路，查验现场人员的身份证件，在有关场所附近设置临时警戒线；在特定区域内实施空域、海（水）域管制，对特定区域内的交通运输工具进行检查；在特定区域内实施互联网、无线电、通讯管制；在特定区域内或者针对特定人员实施出境入境管制；禁止或者限制使用有关设备、设施，关闭或者限制使用有关场所，中止人员密集的活动或者可能导致危害扩大的生产经营活动；抢修被损坏的交通、电信、互联网、广播电视、供水、排水、供电、供气、供热等公共设施；组织志愿人员参加反恐怖主义救援工作，要求具有特定专长的人员提供服务等。

第三，依《中华人民共和国反恐怖主义法》第 63 条的规定，统一发布恐怖事件发生、发展和应对处置信息。需注意，未跨省的恐怖事件信息，由恐怖事件发生地的省级反恐怖主义工作领导机构统一发布，市县机构无权发布。跨省、自治区、直辖市发生的恐怖事件，由指定的省级反恐怖主义工作领导机构统一发布，并非国家反恐领导机构发布。

第四，依《中华人民共和国反恐怖主义法》第 67 条的规定，总结评估恐怖事件。反恐怖主义工作领导机构应当对恐怖事件的发生和应对处置工作进行全面分析、总结评估，提出防范和应对处置改进措施，向上一级反恐怖主义工作领导机构报告。

▶ 6. 国家对报告恐怖活动的个人采取哪些保护措施？

除了个别恶意诬告者，绝大多数报告人都是勇于揭露阴暗面、积极反映恐怖势力的正义力量。举报信息一旦泄露，举报人的监督积极性将遭到重创，且可能面临被举报人的威胁和报复的风险。报告恐怖活动的民众极易被恐怖分子和极端主义者打击报复，为了巩固基层反恐力量，保障举报人的生命安全，《中华人民共和国反恐怖主义法》第 76 条规定，对于报告恐怖活动的，本人或者其近亲属的人身安全面临危险的，经本人或者其近亲属提出申请，公安机关、有关部门应当采取以下保护措施：第一，不公开真实姓名、住址和工作单位等个人信息；第二，禁止特定的人接触被保护人员；第三，对人身和住宅采取专门性保护措施；第四，变更被保护人员的姓名，重新安排住所和工作单位；等等。报告恐怖活动的个人是全国反恐行动中的无名英雄，理应得到最周全的保护。

第二部分
与国家安全
相关的法律责任

▶ 1. 资助危害国家安全犯罪活动，应承担什么法律责任？

行为阐释

维护国家安全人人有责，中华人民共和国公民、一切国家机关和武装力量、各政党和各人民团体、企业事业组织和其他社会组织都有维护国家安全的责任和义务。义务之一即是任何个人和组织不得有危害国家安全的行为，以及向危害国家安全的个人或者组织提供任何资助或者协助。资助危害国家安全犯罪活动的，将构成犯罪，我国法院将对直接责任人员处5年以下有期徒刑、拘役、管制或者剥夺政治权利；情节严重的，处5年以上有期徒刑。

法律依据

《中华人民共和国国家安全法》第十一条第一款　中华人民共和国公民、一切国家机关和武装力量、各政党和各人民团体、企业事业组织和其他社会组织，都有维护国家安全的责任和义务。

《中华人民共和国国家安全法》第七十七条第二款　任何个人和组织不得有危害国家安全的行为，不得向危害国家安全的个人或者组织提供任何资助或者协助。

《中华人民共和国刑法》第六条第三款　犯罪的行为或者结果有一项发生在中华人民共和国领域内的，就认为是在中华人民共和国领域内犯罪。

《中华人民共和国刑法》第一百零七条　境内外机构、组织或者个人资助实施本章第一百零二条、第一百零三条、第一百零四条、第一百零五条规定之罪的，对直接责任人员，处五年以下有期徒刑、拘役、管制或者剥夺政治权利；情节严重的，处五年以上有期徒刑。

案例警示

2009年，李某在明知杨某从事危害我国国家安全犯罪活动的情况下，长期资助杨某实施相关犯罪活动。其中，2016年至2019年，李某以现金或者支票方式资助杨某10余万美元，折合人民币100余万元。在本案中，资助危害国家安全犯罪活动，只要资助结果发生在我国领域内，就可以适用我国刑法。最终，法院认为，李某明知杨某实施危害我国国家安全的犯罪活动仍向杨某资助，资助杨某实施了一系列危害我国国家安全的犯罪活动，给我国的国家安全造成严重危害，其行为符合我国刑法规定的资助危害国家安全犯罪活动罪的构成要件，依法判决李某犯资助危害国家安全犯罪活动罪，判处有期徒刑11年，并处没收个人财产人民币200万元。一审宣判后，李某提出上诉。二审法院裁定：驳回上诉，维持原判。

安全提示

每一位公民都应当履行维护国家安全的义务，《中华人民共和国国家安全法》明确规定任何个人和组织不得向危害国家安全的个人或组织提供任何资助或者协助，违反该义务将构成刑事犯罪，承担刑事法律责任。

2. 宣扬恐怖主义、极端主义，应承担什么法律责任？

行为阐释

我国反对一切形式的恐怖主义和极端主义，因此十分重视对恐怖主义的防范和处置。在对恐怖主义的防范和处置工作中，加强对涉恐行为和人员的查处和管理是重要的一环。《中华人民共和国反恐怖主义法》以及《中华人民共和国刑法》对涉恐行为进行了定义，其中包括制作、散发宣扬恐怖主义、极端主义的图书、音频视频资料或者其他物品，或者通过讲授、发布信息等方式宣传恐怖主义、极端主义的行为，或者煽动实施恐怖活动的行为。因此，我国公民、法人和其他组织应当避免有以上行为，实施以上行为者将承担刑事法律责任，处5年以下有期徒刑、拘役、管制或者剥夺政治权利，并处罚金；情节严重的，处5年以上有期徒刑，并处罚金或者没收财产。

法律依据

《中华人民共和国国家安全法》第二十八条　国家反对一切形式的恐怖主义和极端主义，加强防范和处置恐怖主义的能力建设，依法开展情报、调查、防范、处置以及资金监管等工作，依法取缔恐怖活动组织和严厉惩治暴力恐怖活动。

《中华人民共和国反恐怖主义法》第四条第二款　国家反对一切形式的以歪曲宗教教义或者其他方法煽动仇恨、煽动歧视、鼓吹暴力等极端主义，消除恐怖主义的思想基础。

《中华人民共和国刑法》第一百二十条之三　以制作、散发宣扬恐怖主义、极端主义的图书、音频视频资料或者其他物品，或者通过讲授、发布信息等方式宣扬恐怖主义、极端主义的，或者煽动实施恐怖活动的，处五年以下有期徒刑、拘役、管制或者剥夺政治权利，并处罚金；情节严重的，处五年以上有期徒刑，并处罚金或者没收财产。

案例警示

2016年年初，张某某通过手机移动上网下载暴力恐怖视频和图片。2016年2月至10月，张某某先后将下载的部分暴力恐怖视频和图片上传至网络，供他人浏览。法院依法审理，认定被告人张某某犯宣扬恐怖主义、极端主义罪，判处有期徒刑2年3个月，并处罚金人民币5000元。

安全提示

《中华人民共和国刑法》对涉恐行为进行了明确规定，其中包括制作、散发宣扬恐怖主义、极端主义的图书、音频视频资料或者其他物品，或者通过讲授、发布信息等方式宣传恐怖主义、极端主义的行为，或者煽动实施恐怖活动的行为。因此，我国公民应当注重学习国家安全知识，提高鉴别恐怖主义、极端主义信息的能力，主动拒绝传播、浏览恐怖主义、极端主义信息。当我国公民有意制作、散发恐怖主义、极端主义信息，或者以讲授、发布信息等方式宣扬恐怖主义、极端主义的，应当承担我国法律规定的刑事法律责任。

▶ 3. 个人泄露国家秘密，应承担什么法律责任？

行为阐释

公民应当自觉学习保密常识，接受保密教育，正确认识保密与窃密的斗争，增强保密意识，严格遵守保密制度。参加间谍组织或者接受间谍组织及其代理人的任务，泄露国家秘密，情节较轻的，处3年以上10年以下有期徒刑；对国家和人民危害特别严重、情节特别恶劣的，可以判处死刑。

法律依据

《中华人民共和国反间谍法》第十条　境外机构、组织、个人实施或者指使、资助他人实施的，或者境内机构、组织、个人与境外机构、组织、个人相勾结实施的危害中华人民共和国国家安全的间谍行为，都必须受到法律追究。

《中华人民共和国反间谍法》第六十一条　非法获取、持有属于国家秘密的文件、数据、资料、物品，以及非法生产、销售、持有、使用专用间谍器材，尚不构成犯罪的，由国家安全机关予以警告或者处十日以下行政拘留。

《中华人民共和国刑法》第一百一十条　有下列间谍行为之一，危害国家安全的，处十年以上有期徒刑或者无期徒刑；情节较轻的，处三年以上十年以下有期徒刑：

（一）参加间谍组织或者接受间谍组织及其代理人的任务的；

（二）为敌人指示轰击目标的。

《中华人民共和国刑法》第一百一十三条　本章上述危害国家安全罪行中，除第一百零三条第二款、第一百零五条、第一百零七条、第一百零九条外，对国家和人民危害特别严重、情节特别恶劣的，可以判处死刑。

犯本章之罪的，可以并处没收财产。

《中华人民共和国刑法》第三百九十八条　国家机关工作人员违反保守国家秘密法的规定，故意或者过失泄露国家秘密，情节严重的，处三年以下有期徒刑或者拘役；情节特别严重的，处三年以上七年以下有期徒刑。

非国家机关工作人员犯前款罪的，依照前款的规定酌情处罚。

案例警示

1997年至2004年,黄某于毕业后入职一家涉密科研所。该科研所的主要工作涉及国家机密的密码研发。黄某利用私自持有的机密文件,向某个海外间谍机构提供了3份有关军用的保密电子资料。收到黄某提供的机密文件后,对方认为价值极高并表示期待更深入的合作。而后,黄某在接受了全面间谍训练后,向海外间谍机构提供了他获取的一系列机密信息。

黄某一方面持续地向外国间谍机构泄露机密信息,另一方面又尝试策反前同事闻某,但遭到了闻某拒绝。闻某为避免麻烦而未向上级报告此事。此外,黄某从身边的亲属朋友下手,利用其妻子在另一涉密单位担任资料管理员的职务便利,复制其妻子备份过的涉密材料。他利用帮姐夫(在同一单位担任总工程师)修理电脑的机会,复制其姐夫备份在电脑上的资料。不仅如此,他还对原单位同事电脑上的资料进行窃取,通过好友郑某等人打探科研所的工作动向,并窃取科研所内部刊物。最终,黄某把这些资料都向外国间谍机构出售。

某市国家安全机关在对黄某的犯罪证据有所掌握之后,于2011年决定对黄某实施抓捕。黄某对其所犯之罪表示完全承认。依据《中华人民共和国刑法》第110条和第113条的规定,参加间谍组织或者接受间谍组织及其代理人任务,从事间谍活动,危害国家安全的,处10年以上有期徒刑或者无期徒刑;对国家和人民危害特别严重,情节特别恶劣的,可以判处死刑。最终,黄某因"间谍罪"被依法判处死刑,剥夺政治权利终身,并被收缴间谍经费。黄某先前所入职的科研所共计29人受到不同程度的处分。黄某的妻子唐某、姐夫谭某也因"过失泄露国家秘密罪"被分别判处5年、3年有期徒刑。

安全提示

普通老百姓与国家安全和反间谍活动都息息相关，每个人都是国家安全的保卫者。那么，公民应当如何增强保密防范意识呢？首先，机关单位的电脑内外网不混用。不在内网专用电脑上使用无线网卡、无线鼠标、无线键盘等无线设备以及外单位的存储介质；及时更新杀毒软件，不把一些涉密信息随意发到互联网上。其次，单位应当加强保密管理工作，杜绝将保密单位的资料拷贝至家里做备份的行为发生。最后，公民和组织发现间谍行为，应及时向单位或国家安全机关报告，协助国家机关及时破案，避免国家遭受更大损失。国家对支持、协助反间谍工作的组织和个人给予保护，对有重大贡献的给予奖励。

▶ 4. 泄露有关反间谍工作的国家秘密，应承担什么法律责任？

行为阐释

国家安全机关承担着维护国家安全和社会政治稳定的重要职责，保守国家机密，支持、配合和协助国家安全机关开展反间谍和其他国家安全工作，是每个公民和组织的神圣职责和应尽的义务。泄露有关反间谍工作的国家秘密的，尚不构成犯罪的，由国家安全机关予以警告或处10日以下行政拘留；构成犯罪的，依法追究刑事责任。

法律依据

《中华人民共和国反间谍法》第八条　任何公民和组织都应当依法支持、协助反间谍工作，保守所知悉的国家秘密和反间谍工作秘密。

《中华人民共和国反间谍法》第六十条　违反本法规定，有下列行为之一，构成犯罪的，依法追究刑事责任；尚不构成犯罪的，由国家安全机关予以警告或者处十日以下行政拘留，可以并处三万元以下罚款：（一）泄露有关反间谍工作的国家秘密；

……

案例警示

2021年3月，国家安全机关因工作需要曾数度赶赴某餐馆进行调查，在严格依照相关法律的情况下，其向餐馆副经理黄某提出配合要求，并提醒黄某必须保密。一段时间后，国家安全机关发觉在这家餐馆的调查工作情况似乎被泄露，这导致以后的调查难以继续。国家安全机关进一步调查和取证后，确认餐馆副经理黄某涉嫌泄露有关反间谍工作的国家秘密。

经鉴定，确认黄某所泄露的秘密级别系秘密级。面对充分的证据，黄某承认了自己的不法行为。其在明知自己应该保守国家的机密信息的情况下，接连两次有意地向外透露了相关国家安全机构正在进行合法工作的消息。另外，当国家安全机关的工作人员需要黄某协助调查案件时，其也有意掩盖了一些所知道的信息。就黄某的不法行为，根据2014年《中华人民共和国反间谍法》第31条（2023年修订后的第60条）之规定，2021年6月17日，国家安全机关对黄某处以行政拘留15日的处罚。①

安全提示

《中华人民共和国反间谍法》明确规定了国家安全机关是反间谍工作的主管机关；一切国家机关和武装力量、各政党和社会团体及企业事业

① 参见《国家安全机关公布多起典型案例》，载中国政府网，https://www.gov.cn/xinwen/2022-04/16/content_5685561.htm。

组织，都有防范、制止间谍行为，维护国家安全的义务；任何公民和组织都应当保守所知悉的有关反间谍工作的国家秘密。

▶ 5. 某国来华旅行人员违反我国反间谍法的规定，应承担什么法律责任？

行为阐释

境外间谍机关和各种敌对势力对我国渗透窃密活动不断加剧，对我国国家安全，包括军事安全构成严重威胁。国家安全离我们并不遥远，甚至就在我们身边，我们每个人都是国家安全的一道防线。不少境外组织和个人以来华旅行、勘测等活动为掩护，实为窃取我国地理信息。如果境外组织和个人违反《中华人民共和国反间谍法》，那么可以对其限期出境或者驱逐出境。其构成犯罪的，将被依法追究刑事责任。

法律依据

《中华人民共和国反间谍法》第六十六条第一款　境外人员违反本法的，国务院国家安全主管部门可以决定限期出境，并决定其不准入境的期限。未在规定期限内离境的，可以遣送出境。

《外国的组织或者个人来华测绘管理暂行办法》第六条　外国的组织或者个人在中华人民共和国领域测绘，必须与中华人民共和国的有关部门或者单位依法采取合资、合作的形式（以下简称合资、合作测绘）。

前款所称合资、合作的形式，是指依照外商投资的法律法规设立的合资、合作企业。

经国务院及其有关部门或者省、自治区、直辖市人民政府批准，外国的组织或者个人来华开展科技、文化、体育等活动时，需要进行一次性测绘活动的（以下简称一次性测绘），可以不设立合资、合作企业，但是必须经国务院自然资源主管部门会同军队测绘主管部门批准，并与中华人民共和国的有关部门和单位的测绘人员共同进行。

《中华人民共和国测绘法》第八条　外国的组织或者个人在中华人民共和国领域和中华人民共和国管辖的其他海域从事测绘活动，应当经国务院测绘地理信息主管部门会同军队测绘部门批准，并遵守中华人民共和国有关法律、行政法规的规定。

外国的组织或者个人在中华人民共和国领域从事测绘活动，应当与中华人民共和国有关部门或者单位合作进行，并不得涉及国家秘密和危害国家安全。

《中华人民共和国测绘法》第五十一条　违反本法规定，外国的组织或者个人未经批准，或者未与中华人民共和国有关部门、单位合作，擅自从事测绘活动的，责令停止违法行为，没收违法所得、测绘成果和测绘工具，并处十万元以上五十万元以下的罚款；情节严重的，并处五十万元以上一百万元以下的罚款，限期出境或者驱逐出境；构成犯罪的，依法追究刑事责任。

案例警示

2010年2月20日，某地区测绘局通过群众举报，发现某国公民携带手持GPS接收机在该地区进行测绘活动，该地区测绘局在对举报情况进行初步核实后，立即进行了立案调查。经调查，2010年1月31日至2月18日，该某国公民以旅游、环境考察为名，使用手持测量型GPS接收机采集我国境内地理信息坐标598个，其中588个位于该地区内，涉及该地区军事管理区的有85个。该地区测绘局调查后认定，该某国公民的测绘活动未经国务院测绘行政主管部门批准，擅自开展一次性测绘活动，违反了 2002 年《中华人民共和国测绘法》第 7 条（2017 年修订后的第 8 条）和《外国的组织或者个人来华测绘管理暂行办法》第 6 条关于外国人来华测绘管理的有关规定。2010 年 3 月 5 日，该地区测绘局依据《中华人民共和国测绘法》第 51 条的有关规定，对该某国公民作出责令停止违法测绘行为，没收测绘工具和测绘成果，并处相应数额罚款的行政处罚。

安全提示

境外组织或者个人以合资合作开展科研、考察、旅游、登山等名义非法采集我国重要地理信息的行为时有发生。非法测绘常常以调查水资源、文物考古等借口进行，却以交通要道、重点项目、重点设施等为测绘对象，精度很高时有可能具有军事意义，测绘的结果很有可能用于军事用途。在反间防谍工作中，除了国家安全机关，我们每一个普通人都能有所作为，那就是一旦发现非法测绘行为，立即向国家安全机关、公安机关举报。

▶ 6. 非法使用专用间谍器材，应承担什么法律责任？

行为阐释

任何个人和组织都不得非法持有、使用间谍活动特殊需要的专用间谍器材。非法持有、使用专用间谍器材的，国家安全机关可以依法对其人身、物品、住处和其他有关的地方进行搜查，并予以没收。非法生产、销售窃听、窃照等专用间谍器材的，处 3 年以下有期徒刑、拘役或者管制。

法律依据

《中华人民共和国反间谍法》第六十一条　非法获取、持有属于国家秘密的文件、数据、资料、物品，以及非法生产、销售、持有、使用专用间谍器材，尚不构成犯罪的，由国家安全机关予以警告或者处十日以下行政拘留。

《中华人民共和国刑法》第二百八十三条　非法生产、销售专用间谍器材或者窃听、窃照专用器材的，处三年以下有期徒刑、拘役或者管制，并处或者单处罚金；情节严重的，处三年以上七年以下有期徒刑，并处罚金。

单位犯前款罪的，对单位判处罚金，并对其直接负责的主管人员和其他直接责任人员，依照前款的规定处罚。

案例警示

张某注册成立某科技有限公司后，利用该公司生产具有监听定位功能的监听器，并聘请李某进行销售。2012 年年底，王某通过网络与李某联系后，谈好价钱，向其购买“汽车钥匙”偷拍器、定位监听器各 10 个，并汇给李某银行账户 1550 元。李某从其他商店购得“汽车钥匙”偷拍器 10 个，与其公司生产的定位监听器 10 个一并邮寄给王某。2013 年 10 月，王某与李某再次联系后，谈好价钱，又向其购买 4 个定位监听器，并汇给李某银行账户 210 元。购得间谍器材后，王某便在某市数码店内进行销售，获取非法利益 2000 余元。最终，法院认定王某共销售“汽车钥匙”偷拍器 9 个，定位监听器 8 个。依照《中华人民共和国刑法》第 23 条、第 64 条、第 67 条第 3 款、第 72 条第 1 款、第 73 条第 2 款、第 283 条，《中华人民共和国刑事诉讼法》第 225 条第 1 款第 1 项、第 2 项的规定，判决王某犯非法销售专用间谍器材罪，判处有期徒刑 7 个月，缓刑 1 年。

安全提示

专用间谍器材是有关机关用来秘密侦查、联络的专用工具，一旦流入社会会给国家安全利益和社会公共利益及人民群众的合法权益造成严重的危害，任何个人和组织都不得非法持有、使用间谍活动特殊需要的专用间谍器材。

▶ 7. 为境外刺探、非法提供国家秘密，应承担什么法律责任？

行为阐释

境内机构、组织、个人为境外人员窃取、刺探、收买、非法提供国家秘密、情报以及其他关系国家安全和利益的文件、数据、资料、物品的，都将受到法律追究。

法律依据

《中华人民共和国反间谍法》第十条　境外机构、组织、个人实施或者指使、资助他人实施的，或者境内机构、组织、个人与境外机构、组织、个人相勾结实施的危害中华人民共和国国家安全的间谍行为，都必须受到法律追究。

《中华人民共和国刑法》第一百一十一条　为境外的机构、组织、人员窃取、刺探、收买、非法提供国家秘密或者情报的，处五年以上十年以下有期徒刑；情节特别严重的，处十年以上有期徒刑或者无期徒刑；情节较轻的，处五年以下有期徒刑、拘役、管制或者剥夺政治权利。

案例警示

2020年2月中旬,被告人陈某某通过“探探”App平台结识了境外人员“涵”。陈某某在明知“涵”是境外人员的情况下,为获取报酬,于2020年3月至7月,按照“涵”的要求,多次前往军港等军事基地,观察、收集、拍摄涉军装备及部队位置等信息,并通过多个社交软件发送给“涵”。陈某某先后收受“涵”支付的报酬共计人民币1万余元以及鱼竿、手表等财物。经密级鉴定,陈某某发送给“涵”的图片涉及1项机密级军事秘密、2项秘密级军事秘密和2项内部事项。最终,陈某某因犯为境外刺探、非法提供国家秘密罪被判处有期徒刑6年,剥夺政治权利2年,并处没收个人财产人民币1万元。

安全提示

近年来,随着互联网科技的迅速发展,网络招聘、网络交友等社交软件成了境外敌对势力渗透的温床,其利用网络发布高薪兼职信息,宣称“兼职技术含量不高、工作时间灵活且报酬优厚”,极具诱惑性和误导性。网络求职者就业需求强烈,加之对国家安全知识缺乏了解,在“高报酬”的诱使下极易成为境外不法分子的“猎物”。尤其是学生、务工人员以及无业青年容易在网络求职期间或者使用社交软件交友期间被境外人员策反利用。国家安全重如山,年轻人一定要增强防范意识,谨防上当受骗,更不能被利益诱惑冲昏头脑,应自觉维护国家的安全、荣誉和利益。

▶ 8. 利用职务便利多次刺探要员行程信息，应承担什么法律责任？

行为阐释

利用职务便利接受间谍组织代理人任务，多次刺探、截获政府机关重要人员的行程信息，情节较轻的，处 3 年以上 10 年以下有期徒刑；危害国家安全的，处 10 年以上有期徒刑或者无期徒刑。

法律依据

《中华人民共和国反间谍法》第四条第一款　本法所称间谍行为，是指下列行为：

（一）间谍组织及其代理人实施或者指使、资助他人实施，或者境内外机构、组织、个人与其相勾结实施的危害中华人民共和国国家安全的活动；

（二）参加间谍组织或者接受间谍组织及其代理人的任务，或者投靠间谍组织及其代理人；

（三）间谍组织及其代理人以外的其他境外机构、组织、个人实施或者指使、资助他人实施，或者境内机构、组织、个人与其相勾结实施的窃取、刺探、收买、非法提供国家秘密、情报以及其他关系国家安全和利益的文件、数据、资料、物品，或者策动、引诱、胁迫、收买国家工作人员叛变的活动；

（四）间谍组织及其代理人实施或者指使、资助他人实施，或者境内外机构、组织、个人与其相勾结实施针对国家机关、涉密单位或者关键信息基础设施等的网络攻击、侵入、干扰、控制、破坏等活动；

（五）为敌人指示攻击目标；

（六）进行其他间谍活动。

《中华人民共和国刑法》第一百一十条　有下列间谍行为之一，危害国家安全的，处十年以上有期徒刑或者无期徒刑；情节较轻的，处三年以上十年以下有期徒刑：

（一）参加间谍组织或者接受间谍组织及其代理人的任务的；

（二）为敌人指示轰击目标的。

案例警示

被告人吴某某案发前是某机场航务与运行管理部运行指挥员。2020年7月，被告人吴某某通过自己及其姐姐、哥哥等人的社交账号承接跑腿业务。某间谍组织代理人“鱼总”通过社交软件的自动回复号码搜索添加了被告人吴某某的微信。后吴某某在金钱诱惑下被“鱼总”发展，并接受其要求吴某某提供政府机关重要人员到某机场的行程信息。被告人吴某某利用自己在该机场航务与运行管理部担任运行指挥员的便利，多次刺探、截获政府机关重要人员的行程信息，并通过境外聊天软件发送给“鱼总”，共收取“鱼总”提供的间谍经费人民币2.6万余元。经鉴定，被告人吴某某为间谍组织代理人“鱼总”提供的信息涉1项机密级军事秘密、2项秘密级军事秘密。最终，吴某某因犯间谍罪被判处有期徒刑13年，剥夺政治权利4年。

安全提示

敏感地区、军事设施，往往是间谍和敌人重点关注的区域。因此，广大民众要切实提高全民反间防谍和保密的意识，履行维护国家安全的责任和义务，共同守护好国家秘密，筑牢国家安全的防线。

▶ 9. 泄露国家情报，应承担什么法律责任？

行为阐释

公民负有保守国家秘密的神圣义务，任何人都不得泄露国家秘密或者国家情报。

法律依据

《中华人民共和国国家情报法》第二十九条 泄露与国家情报工作有关的国家秘密的，由国家情报工作机构建议相关单位给予处分或者由国家安全机关、公安机关处警告或者十五日以下拘留；构成犯罪的，依法追究刑事责任。

《中华人民共和国刑法》第一百一十一条 为境外的机构、组织、人员窃取、刺探、收买、非法提供国家秘密或者情报的，处五年以上十年以下有期徒刑；情节特别严重的，处十年以上有期徒刑或者无期徒刑；情节较轻的，处五年以下有期徒刑、拘役、管制或者剥夺政治权利。

案例警示

2019 年 3 月，在校大学生庄某在某 QQ 群中寻找兼职。一群成员主动申请添加庄某为 QQ 好友，并向其提供"某军港附近地图信息采集和沿街商铺拍摄"的兼职工作，要求"每天工作 3 小时，一周工作 3 天，日工资 200 元"。庄某按对方要求，将个人简历、定位信息和微信收款码通过 QQ 发送给对方，先后 8 次应对方要求前往拍摄我军事目标及周边情况，每次拍摄 100～200 张照片，通过邮箱发送给对方。2019 年 12 月，舟山市中级人民法院以为境外非法提供国家秘密罪判处庄某有期徒刑5年6个月，剥夺政治权利1年。

安全提示

境外间谍情报人员与我们的距离并不遥远；相反，其可能就在我们身边。我国公民应当加强对国家安全系列法律知识的学习，与危害我国国家安全的非法行为做斗争；公民生活中、求职过程中应当谨慎审查信息来源和内容，时刻以维护国家安全为己任，发现间谍情况应当及时报告有关机关，避免在不经意间进行了非法活动。

▶ 10. 数据处理者违规处理数据，应承担什么法律责任？

行为阐释

数据匿名巨大的商业价值的同时，也影响着个人、国家的数据安全。数据处理者是指在数据处理活动中自主决定处理目的和处理方式的个人和组织，鉴于数据的多样性，数据处理者在收集相关数据时应该遵循国家安全部门的要求，不得将收集到的数据用于非法活动。

法律依据

《中华人民共和国数据安全法》第四十四条　有关主管部门在履行数据安全监管职责中，发现数据处理活动存在较大安全风险的，可以按照规定的权限和程序对有关组织、个人进行约谈，并要求有关组织、个人采取措施进行整改，消除隐患。

《中华人民共和国刑法》第二百八十六条之一　网络服务提供者不履行法律、行政法规规定的信息网络安全管理义务，经监管部门责令采取改正措施而拒不改正，有下列情形之一的，处三年以下有期徒刑、拘役或者管制，并处或者单处罚金：

（一）致使违法信息大量传播的；

（二）致使用户信息泄露，造成严重后果的；

（三）致使刑事案件证据灭失，情节严重的；

（四）有其他严重情节的。

单位犯前款罪的，对单位判处罚金，并对其直接负责的主管人员和其他直接责任人员，依照前款的规定处罚。

有前两款行为，同时构成其他犯罪的，依照处罚较重的规定定罪处罚。

案例警示

2021 年 6 月 30 日，“滴滴出行”正式在纽交所挂牌上市，股票代码为“DIDI”。作为中国“共享出行第一股”，“滴滴出行”从 2021 年 6 月 11 日首度披露上市招股书到挂牌上市，用时 20 天。发行价定为 14 美元，以发行价计算，2021 年“滴滴出行”首次公开上市的估值超过 670 亿美元。

2021 年 7 月 2 日，国家互联网信息办公室发布《网络安全审查办公室关于对“滴滴出行”启动网络安全审查的公告》，明确指出：为防范国家数据安全风险，维护国家安全，保障公共利益，依据《中华人民共和国国家安全法》《中华人民共和国网络安全法》，网络安全审查办公室按照《网络安全审查办法》，对“滴滴出行”实施网络安全审查。为配合网络安全审查工作，防范风险扩大，审查期间“滴滴出行”停止新用户注册。2021 年 7 月 16 日，国家互联网信息办公室等七部门进驻“滴滴出行”科技有限公司开展网络安全审查。经检测核实，2021 年 7 月 9 日发布“关于下架‘滴滴企业版’等 25 款 App 的通报”，称：“滴滴企业版”等 25 款 App 存在严重违法违规收集使用个人信息的问题。国家互联网信息办公室依据

《中华人民共和国网络安全法》相关规定，通知应用商店下架上述25款App，要求相关运营者严格按照法律要求，参照国家有关标准，认真整改存在的问题，切实保障广大用户个人信息安全。各网站、平台不得为“滴滴出行”和“滴滴企业版”等上述25款已在应用商店下架的App提供访问和下载服务。

2021年9月2日五部门联合约谈11家网约车平台公司。提出关于网约车平台合规经营、维护市场竞争秩序等要求，同时也提到网约车平台要保障用户信息和数据安全，要严格落实用户信息和数据安全相关法律法规要求，认真履行个人信息保护责任，未征得用户同意，不得向第三方提供用户个人信息。各平台公司在用户数据收集、传输、存储、处理等环节，要依法建立相关数据安全管理制度，采取必要的安全技术和管理措施。

2022年7月21日，国家互联网信息办公室依据《中华人民共和国网络安全法》《中华人民共和国数据安全法》《中华人民共和国个人信息保护法》等法律规范对滴滴全球股份有限公司依法作出网络安全审查相关行政处罚的决定：对滴滴全球股份有限公司处人民币80.26亿元罚款，对滴滴全球股份有限公司董事长兼CEO程维、总裁柳青各处人民币100万元罚款。在记者问答会上，网信办的相关负责人表示：经查明，滴滴全球股份有限公司共存在16项违法事实，归纳起来主要是8个方面。一是违法收集用户手机相册中的截图信息1196.39万条；二是过度收集用户剪切板信息、应用列表信息83.23亿条；三是过度收集乘客人脸识别信息1.07亿条、年龄段信息5350.92万条、职业信息1633.56万条、亲情关系信息138.29万条、“家”和“公司”打车地址信息1.53亿条；四是过度收集乘客评价代驾服务时、App后台运行时、手机连接桔视记录仪设备时的精准位置(经纬度)信息1.67亿条;五是过度收集司机学历信息14.29万条,以明文形式存储司机身份证号信息5780.26万条;六是在未明确告知乘客情况下分析乘客出行意图信息539.76亿条、常驻城市信息15.38亿条、异地商务/异地旅游信息3.04亿条;七是在乘客使用顺风车服务时频繁索取无关的"电话权限";八是未准确、清晰说明用户设备信息等19项个人信息处理目的。

安全提示

数据处理者在数据处理过程中应当遵循我国有关法律的规定,合法收集并妥善保管用户信息。数据安全关系国家安危,不能以牺牲我国国家安全、用户信息安全为代价,追求自身商业利益。

▶ 11. 网络运营者违反法律规定的网络安全保护义务,应承担什么法律责任?

行为阐释

网络运营者应当依法开展经营和服务活动,履行网络安全保护义务。具体来看,一方面,网络运营者应采取防范危害网络安全行为的技术措施,包括安装防病毒软件、网络身份认证系统、网络入侵检测系统、网络风险审计系统、自动报警系统等,配备相应的软件或者硬件并留存网络日志不少于6个月以及采取数据分类、重要数据备份和加密等。另一方面,网络运营者应当不断完善管理制度,包括制定有关网络安全管理组织架构、人员配备、行为规范、管理责任的规则以及制定有关人员在操作设备或者办理业务时应遵守的程序或者步骤,还应根据不同保护等级设置安全管理机构、安全管理人员、安全主管、安全管理责任人等，并明确相关机构和人员的职责。

法律依据

《中华人民共和国网络安全法》第九条　网络运营者开展经营和服务活动，必须遵守法律、行政法规，尊重社会公德，遵守商业道德，诚实信用，履行网络安全保护义务，接受政府和社会的监督，承担社会责任。

《中华人民共和国网络安全法》第二十一条　国家实行网络安全等级保护制度。网络运营者应当按照网络安全等级保护制度的要求，履行下列安全保护义务，保障网络免受干扰、破坏或者未经授权的访问，防止网络数据泄露或者被窃取、篡改：

（一）制定内部安全管理制度和操作规程，确定网络安全负责人，落实网络安全保护责任；

（二）采取防范计算机病毒和网络攻击、网络侵入等危害网络安全行为的技术措施；

（三）采取监测、记录网络运行状态、网络安全事件的技术措施，并按照规定留存相关的网络日志不少于六个月；

（四）采取数据分类、重要数据备份和加密等措施；

（五）法律、行政法规规定的其他义务。

《中华人民共和国网络安全法》第五十九条　网络运营者不履行该法第二十一条、第二十五条规定的网络安全保护义务的，由有关主管部门责令改正，给予警告；拒不改正或者导致危害网络安全等后果的，处一万元以上十万元以下罚款，对直接负责的主管人员处五千元以上五万元以下罚款。

关键信息基础设施的运营者不履行本法第三十三条、第三十四条、第三十六条、第三十八条规定的网络安全保护义务的，由有关主管部门责令改正，给予警告；拒不改正或者导致危害网络安全等后果的，处十万元以上一百万元以下罚款，对直接负责的主管人员处一万元以上十万元以下罚款。

《中华人民共和国网络安全法》第七十二条　国家机关政务网络的运营者不履行本法规定的网络安全保护义务的，由其上级机关或者有关机关责令改正；对直接负责的主管人员和其他直接责任人员依法给予处分。

案例警示

某市网络安全部门2020年4月在工作中发现，该市某网络科技有限公司的网站存在低危级别的安全漏洞，立即责令其限期整改。2020年5月，市网络安全部门在对整改情况开展复查时发现，该公司未按规定完成整改内容，并且又出现了其他5个高危安全漏洞。对此，公安机关依据《中华人民共和国网络安全法》第21条、第59条第1款之规定，对该公司罚款2万元。

安全提示

网络运营者应兼顾落实网络安全技术保护措施和网络安全保护管理制度，切实承担起网络安全的主体责任。

▶ 12. App未要求用户提供真实身份信息便提供服务，应承担什么法律责任？

行为阐释

国家实施网络可信身份战略，网络运营者应当要求用户提供真实身份信息。网络可信身份战略有助于解决身份被盗用和冒用的问题，从源头杜绝了个人信息被泄露、滥用、篡改、毁损等风险，提升身份信息核验环节的准确性、可靠性，解决因缺乏数据比对源、认证源而过度收集、非法缓存等问题。应用程序提供者应当建立完善用户注册、账号管理、信息审核、日常巡查、应急处置等管理措施，配备与服务规模相适应的专业人员和技术能力。

法律依据

《中华人民共和国网络安全法》第二十四条　网络运营者为用户办理网络接入、域名注册服务，办理固定电话、移动电话等入网手续，或者为用户提供信息发布、即时通讯等服务，在与用户签订协议或者确认提供服务时，应当要求用户提供真实身份信息。用户不提供真实身份信息的，网络运营者不得为其提供相关服务。

国家实施网络可信身份战略，支持研究开发安全、方便的电子身份认证技术，推动不同电子身份认证之间的互认。

《中华人民共和国网络安全法》第六十一条　网络运营者违反本法第二十四条第一款规定，未要求用户提供真实身份信息，或者对不提供真实身份信息的用户提供相关服务的，由有关主管部门责令改正；拒不改正或者情节严重的，处五万元以上五十万元以下罚款，并可以由有关主管部门责令暂停相关业务、停业整顿、关闭网站、吊销相关业务许可证或者吊销营业执照，对直接负责的主管人员和其他直接责任人员处一万元以上十万元以下罚款。

案例警示

2022 年，某县公安局网安大队接上级线索，发现一网络运营者未履行网络安全保护义务及身份信息核验义务。经查，违法行为人花某在该县某出租屋内，放置 140 余台电脑主机设备，通过在网上经营的“光迅远程电脑租机网店”，向不特定客户提供远程电脑租赁服务。作为网络服务的提供者，花某未制定内部网络安全管理制度和操作流程，未按规定落实监测用户的网络行为和留存网络日志不少于6个月，并且未要求用户提供真实身份信息。花某涉嫌未履行网络安全保护义务及身份信息核验义务，造成较为严重的危害网络安全后果，某县公安局根据《中华人民共和国网络安全法》相关规定，依法对违法行为人花某处以1万元罚款并责令改正。

安全提示

随着网络技术的发展，不法分子利用动态IP代理技术更换IP地址，大量办理宽带账号，通过"秒拨""混拨"技术获取海量IP资源提供给下游用户，常用于各类网络黑灰产和违法犯罪活动。除应用程序提供者外，分发平台也需要采用复合验证等措施认证真实身份信息，对程序发布者的实名制要求显然更加严格。这体现了监管的区分度与精细化，也便于对更易陷入网络民事纠纷的程序发布者进行追责。

13. 个人或单位提供专门用于从事危害网络安全活动的小程序，应负什么法律责任？

行为阐释

网络服务提供者应当依照法律、行政法规的规定和国家标准的强制性要求，采取技术措施和其他必要措施，保障网络安全、稳定运行，有效应对网络安全事件，防范网络违法犯罪活动。任何个人和组织不得提供专门用于从事侵入网络、干扰网络正常功能及防护措施、窃取网络数据等危害网络安全活动的程序、工具。

法律依据

《中华人民共和国网络安全法》第二十七条　任何个人和组织不得从事非法侵入他人网络、干扰他人网络正常功能、窃取网络数据等危害网络安全的活动；不得提供专门用于从事侵入网络、干扰网络正常功能及防护措施、窃取网络数据等危害网络安全活动的程序、工具；明知他人从事危害网络安全的活动的，不得为其提供技术支持、广告推广、支付结算等帮助。

《中华人民共和国网络安全法》第六十三条第一款、第二款　违反本法第二十七条规定，从事危害网络安全的活动，或者提供专门用于从事危害网络安全活动的程序、工具，或者为他人从事危害网络安全的活动提供技术支持、广告推广、支付结算等帮助，尚不构成犯罪的，由公安机关没收违法所得，处五日以下拘留，可以并处五万元以上五十万元以下罚款；情节较重的，处五日以上十五日以下拘留，可以并处十万元以上一百万元以下罚款。

单位有前款行为的，由公安机关没收违法所得，处十万元以上一百万元以下罚款，并对直接负责的主管人员和其他直接责任人员依照前款规定处罚。

案例警示

2022年，某县公安局查处一起为危害网络安全活动提供工具案。2022年9月6日，某派出所在工作中发现该辖区一居民涉嫌提供专门用于从事危害网络安全活动的工具，严重危害网络安全。该派出所立即联合县局刑侦大队展开侦查工作。傍晚，在市局刑警支队等部门的大力支持下，办案民警在该镇某村一居民房抓获违法嫌疑人吴某，并现场查获作案工具一批。经审讯,违法行为人吴某如实供述其自2022年8月以来,在家里使用手机、电话卡利用手机软件架设简易“goip”,为他人提供通信技术支持以用于实施诈骗行为。吴某的行为已构成提供专门用于从事危害网络安全活动的工具的违法行为。根据相关规定,某县公安局依法对违法行为人吴某处以行政拘留5日,没收违法所得,收缴作案工具。

安全提示

个人或单位提供专门用于从事危害网络安全活动的小程序,受到治安管理处罚的人员,5年内不得从事网络安全管理和网络运营关键岗位的工作;受到刑事处罚的人员,终身不得从事网络安全管理和网络运营关键岗位的工作。

▶ *14. 未经批准,网购外来物种,应承担什么法律责任?*

行为阐释

国家加强对外来物种入侵的防范和应对,保护生物多样性。任何单位和个人未经批准,不得擅自引进、释放或者丢弃外来物种。人们有意或无意间引进的外来物种会对生态系统、当地民众健康安全造成严重影响,因此国家禁止在未取得批准的情况下,擅自引进外来物种。

法律依据

《中华人民共和国生物安全法》第八十一条第一款　违反本法规定,未经批准,擅自引进外来物种的,由县级以上人民政府有关部门根据职责分工,没收引进的外来物种,并处五万元以上二十五万元以下的罚款。

《中华人民共和国刑法》第三百四十四条之一　违反国家规定,非法引进、释放或者丢弃外来入侵物种,情节严重的,处三年以下有期徒刑或者拘役,并处或者单处罚金。

案例警示

近年来,饲养“异宠”逐渐成为年轻人的新潮流。宠物市场的售卖范围已经从猫、狗等传统宠物扩大到了蜘蛛、蜥蜴、蛇类、蚂蚁等生物,甚至还包括一些野生动物。小李通过浏览网络发现了一种形似苹果的蜗牛,认为其颜值形体俱佳,故欲购买一批回来当宠物饲养以及向他人出售。但是他的宠物包裹停留海关时,经海关进行 X 光机查验时发现,该包裹的机检图像疑似贝类或软体动物。后结合邮寄信息,海关开箱查验,共截获活体蜗牛 50 只。经鉴定,该批活体生物系盖罩大蜗牛。盖罩大蜗牛又名葡萄蜗牛,属大蜗牛科,贝壳质厚而坚实,呈卵圆形或球形,是《中华人民共和国进境植物检疫性有害生物名录》列明的重要植物检疫性有害生物。此类蜗牛可危害草本、木本、藤本植物 100 多种,对蔬菜、花卉、甘薯、花生等造成严重危害,甚至吃光植物枝叶。同时,其繁殖速度很快,一旦传入,可通过各种途径迅速扩散。依据《中华人民共和国禁止携带、邮寄进境的动植物及其产品名录》,盖罩大蜗牛等活动物严禁携带或邮寄入境。因小李的物品违反了入境规定和《中华人民共和国生物安全法》,海关遂将查获的蜗牛及其他材料移交公安机关。公安机关认为,小李未经批准,擅自引进了外来物种,且该有害生物一旦传入我国境内,将对我国生态系统和农林业生产安全造成严重威胁,遂以非法引进外来入侵物种罪对小李立案侦查。后检察机关向人民法院就小李非法引进外来入侵物种罪向人民法院提起公诉。人民法院审理认为,虽然小李的行为确可能给我国的生态环境造成严重威胁,但鉴于其主观不知该物种的危害性,且包裹被及时控制,实际危害较小,判处小李 10 万元罚金。

安全提示

生物入侵对于本地的生态系统来说是恐怖的，一个生态系统是经过长期进化、竞争、适应从而确定下来的，系统中的生物物种经过成百上千年的自然选择才形成最后的互生环境。一个外来物种的入侵可能会破坏本地生态系统的平衡，对该系统造成毁灭性的打击。因此，国家严格监管外来物种入侵，若确因科研等需要而引进外来物种，应该取得有关部门的批准。任何擅自引进、释放或者丢弃外来物种的行为都应承担法律责任。

▶ 15. 境外个人和组织擅自在我国境内采集、保藏、向境外提供我国人类遗传资源，应承担什么法律责任？

行为阐释

境外组织、个人及其设立或者实际控制的机构不得在我国境内采集、保藏我国人类遗传资源，不得向境外提供我国人类遗传资源。国家建立生物安全审查制度。对影响或者可能影响国家安全的生物领域重大事项和活动，由国务院有关部门进行生物安全审查，以有效防范和化解生物安全风险。将我国人类遗传资源信息向境外组织、个人及其设立或者实际控制的机构提供或者开放使用的，应当向国务院科学技术主管部门事先报告并提交信息备份。采集、保藏、利用、运输出境我国珍贵、濒危、特有物种及其可用于再生或者繁殖传代的个体、器官、组织、细胞、基因等遗传资源，应当遵守有关法律法规。境外组织、个人及其设立或者实际控制的机构获取和利用我国生物资源，应当依法取得批准。

法律依据

《中华人民共和国生物安全法》第八十条　违反本法规定，境外组织、个人及其设立或者实际控制的机构在我国境内采集、保藏我国人类遗传资源，或者向境外提供我国人类遗传资源的，由国务院科学技术主管部门责令停止违法行为，没收违法所得和违法采集、保藏的人类遗传资源，并处一百万元以上一千万元以下的罚款；违法所得在一百万元以上的，并处违法所得十倍以上二十倍以下的罚款。

《中华人民共和国刑法》第三百三十四条之一　违反国家有关规定，非法采集我国人类遗传资源或者非法运送、邮寄、携带我国人类遗传资源材料出境，危害公众健康或者社会公共利益，情节严重的，处三年以下有期徒刑、拘役或者管制，并处或者单处罚金；情节特别严重的，处三年以上七年以下有期徒刑，并处罚金。

《中华人民共和国人类遗传资源管理条例》第十二条　采集我国人类遗传资源，应当事先告知人类遗传资源提供者采集目的、采集用途、对健康可能产生的影响、个人隐私保护措施及其享有的自愿参与和随时无条件退出的权利，征得人类遗传资源提供者书面同意。

在告知人类遗传资源提供者前款规定的信息时，必须全面、完整、真实、准确，不得隐瞒、误导、欺骗。

案例警示

A公司是由外资实际控制的在中外企，主要业务是基因检测，以预防健康风险为业务宣传点。某市公安局接到匿名举报：该公司违反保密协议及我国法律规定，将从客户血清中采集到的基因数据秘密传输回总部。后该市公安局积极展开调查，情况属实，以走私人类遗传资源材料罪将相关涉案人员刑事拘留。

安全提示

人类遗传资源作为一种重要的战略资源，是人民健康、社会安定、国家利益的重要保障，对探索疾病发生发展的原理和机制、研发疾病预防策略、促进人口健康具有重要意义。随着生物技术和信息技术国际合作的不断进步，采集个人基因组数据的难度不断降低，必须加强以科研、制药等名义进行的非法采集、保藏我国人类遗传资源的监管力度，以巩固我国生物领域的安全。在中国境内进行经营活动的境外个人和组织应遵守我国法律的规定，不擅自在我国境内采集、保藏我国人类遗传资源。违反相关规定的，应承担相应的法律责任。

第三部分 国家安全法律知识问答题库

1. 根据《中华人民共和国国家安全法》的规定，(　　)依法搜集涉及国家安全的情报信息。

A. 公安机关、军队保卫部门

B. 国家安全机关、军队保卫部门

C. 国家安全机关、公安机关、有关军事机关

D. 国家安全机关、监察机关

2. 根据《中华人民共和国国家安全法》的规定，下列哪项不属于情报信息在报送时的要求？(　　)

A. 准确

B. 客观

C. 及时

D. 精确

3. 根据《中华人民共和国国家安全法》的规定，下列哪项不属于国家安全的协同联动机制应用的范围？(　　)

A. 中央与地方之间

B. 部门之间

C. 企业之间

D. 地区之间

4. 根据《中华人民共和国国家安全法》的规定，国家反对一切形式的(　　)和(　　)。

A. 霸权主义、民族主义

B. 霸权主义、极端主义

C. 恐怖主义、极端主义

D. 民族主义、极端主义

5. 根据《中华人民共和国国家安全法》的规定，下列哪项不是国家安全制度？（　　）

A. 中央国家安全领导机构实行统分结合、协调统一的国家安全制度与工作机制

B. 中央国家安全领导机构实行统分结合、协调高效的国家安全制度与工作机制

C. 国家建立国家安全工作督促检查和责任追究机制

D. 国家建立国家安全重点领域工作协调机制

6. 国家关于完善生态环境保护制度体系的做法不正确的是（　　）。

A. 仅保障人民赖以生存发展的大气、水、土壤自然环境和条件不受威胁和破坏

B. 强化生态风险的预警和防控，妥善处置突发环境事件

C. 加大生态建设和环境保护力度，划定生态保护红线

D. 保障人民赖以生存发展的大气、水、土壤等自然环境和条件不受威胁和破坏

7. 关于国家安全工作的要求，下列哪一项是不正确的？（　　）

A. 应当统筹国土安全和国民安全

B. 可以统筹自身安全和共同安全

C. 应当统筹外部安全和内部安全

D. 应当统筹传统安全和非传统安全

8. 下列关于国家加强武装力量的说法不正确的是（　　）。

A. 实施积极防御军事战略方针，防备和抵御侵略，制止武装颠覆和分裂

B. 开展国际军事安全合作

C. 要建设独立的武装力量,无须开展国际军事安全合作

D. 建设与保卫国家安全和发展利益需要相适应的武装力量

9. 根据《中华人民共和国国家安全法》的规定,下列关于国家保护公民的说法不正确的是(　　)。

A. 国家保卫人民安全

B. 国家为人民创造良好生存发展条件和安定工作生活环境

C. 国家只能保护公民的部分合法权益

D. 国家保障公民的生命财产安全和其他合法权益

10. 根据《中华人民共和国国家安全法》的规定,下列关于国家金融安全说法正确的是(　　)。

A. 国家健全金融宏观审慎管理和金融风险防范、处置机制

B. 防范和抵御内部金融风险的冲突

C. 只防范和化解区域性金融风险

D. 适当加强金融基础设施和基础能力建设

11.《中华人民共和国香港特别行政区维护国家安全法》自(　　)起施行。

A. 2020 年 9 月 1 日

B. 2020 年 10 月 1 日

C. 2021 年 1 月 1 日

D. 公布之日

12. (　　)对香港特别行政区有关的国家安全事务负有根本责任。

A. 中央人民政府

B. 香港特别行政区

C. 香港特别行政区长官

D. 维护国家安全委员会

13. (　　)负有维护国家安全的宪制责任,应当履行维护国家安全的职责。

A. 中央人民政府

B. 香港特别行政区

C. 香港特别行政区长官

D. 维护国家安全委员会

14. (　　)应当就香港特别行政区维护国家安全事务向中央人民政府负责,并就香港特别行政区履行维护国家安全职责的情况提交年度报告。

A. 维护国家安全委员会负责人

B. 香港特别行政区

C. 香港特别行政区行政长官

D. 维护国家安全委员会

15. 香港特别行政区设立维护国家安全委员会,负责香港特别行政区维护国家安全事务,承担维护国家安全的主要责任,并接受(　　)的监督和问责。

A. 中央人民政府

B. 香港特别行政区政府

C. 香港特别行政区长官

D. 香港特别行政区政府警务处

16. 香港特别行政区维护国家安全委员会由(　　)担任主席。

A. 中央人民政府委派人员

B. 行政长官任命人员

C. 行政长官

D. 香港特别行政区政府警务处长官

17. 香港特别行政区维护国家安全委员会设立国家安全事务顾问，由(　　)指派，就香港特别行政区维护国家安全委员会履行职责相关事务提供意见。

A. 中央人民政府

B. 行政长官

C. 香港特别行政区政府

D. 香港特别行政区政府警务处长官

18. 行政长官在指定法官前可征询香港特别行政区维护国家安全委员会和终审法院首席法官的意见。指定法官任期(　　)。

A. 1 年

B. 2 年

C. 3 年

D. 4 年

19. 2020 年 6 月 30 日，第十三届全国人民代表大会常务委员会第二十次会议决定：在《中华人民共和国香港特别行政区基本法》附件三中增加全国性法律《中华人民共和国香港特别行政区(　　)》，并由香港特别行政区在当地公布实施。

A. 维护国家安全法

B. 维护国家统一法

C. 反分裂国家法

D. 反恐怖主义法

20. 2020 年 6 月 30 日，全国人大常委会表决通过《中华人民共和国香港特别行政区维护国家安全法》,该法律共6章66条,是一部兼具实体法、(　　)内容的综合性法律。

A. 成文法

B. 程序法

C. 成文法和衡平法

D. 程序法和组织法

21.《反分裂国家法》是在(　　)年颁布的。

A. 1998年

B. 2005年

C. 2008年

D. 2018年

22.《反分裂国家法》的制定和实施,把我们关于解决台湾问题的大政方针(　　)。

A. 政治化

B. 法律化

C. 制度化

D. 科学化

23. 充分体现我们争取和平统一的最大诚意与维护国家主权和领土完整的坚定决心的,是颁行(　　)。

A.《反垄断法》

B.《物权法》

C.《反分裂国家法》

D.《劳动合同法》

24. 2005年3月14日,哪次会议审议通过《反分裂国家法》?(　　)

A. 十届全国人大三次会议

B. 十届全国人大一次会议

C. 十届全国人大二次会议

D. 十一届全国人大一次会议

25.《反分裂国家法》明确规定，维护(　　)和领土完整是包括台湾同胞在内的全中国人民的共同义务。

A. 国家主权

B. 国家权力

C. 人民利益

D. 国家权利

26. (多选)2005 年 3 月 14 日上午，十届全国人大三次会议全票通过了《反分裂国家法》。该法第 8 条规定(　　)。

A. “台独”分裂势力以任何名义、任何方式造成台湾从中国分裂出去的事实，国家得采取非和平方式及其他必要措施，捍卫国家主权和领土完整

B. 发生将会导致台湾从中国分裂出去的重大事变，国家得采取非和平方式及其他必要措施，捍卫国家主权和领土完整

C. 和平统一的可能性完全丧失，国家得采取非和平方式及其他必要措施，捍卫国家主权和领土完整

D. 依照前款规定采取非和平方式及其他必要措施，由国务院、中央军事委员会决定和组织实施，并及时向全国人民大会常务委员会报告

27. (多选)《反分裂国家法》的宗旨是(　　)。

A. 反对和遏制“台独”分裂势力分裂国家

B. 促进祖国和平统一

C. 维护台湾海峡地区和平稳定

D. 维护国家主权和领土完整

28.《中华人民共和国反间谍法》(2023 年修订)的实施日期是(　　)。

A. 2023 年 7 月 1 日

B. 2023 年 12 月 1 日

C. 2023 年 11 月 1 日

D. 2023 年 10 月 1 日

29. 国家安全机关全国统一受理举报电话是(　　)。

A. 12339

B. 12349

C. 12345

D. 13239

30. 国家安全机关在反间谍工作中必须依靠(　　)的支持，制止危害国家安全的间谍行为。

A. 政府

B. 人民

C. 国家

D. 党

31. 个人因支持、协助反间谍工作，本人或者其近亲属的人身安全面临危险的，可以向(　　)请求予以保护。

A. 中央人民政府

B. 国家军队

C. 国家安全机关

D. 国家公安机关

32. 泄露有关反间谍工作的国家秘密，尚不构成犯罪的，可由（ ）。

A. 国家安全机关处 7 日以下行政拘留

B. 国家安全机关处 20 日以下行政拘留

C. 国家安全机关处 30 日以下行政拘留

D. 国家安全机关处 10 日以下行政拘留

33. 实施间谍行为，有自首或者立功表现的，（ ）。

A. 可以从轻、减轻或者免除处罚

B. 一般从轻、减轻或者免除处罚

C. 应当从轻、减轻或者免除处罚

D. 必须从轻、减轻或者免除处罚

34. 根据《中华人民共和国反间谍法》规定，当事人对行政处罚决定、行政强制措施决定不服的，可以（ ）依法申请复议。

A. 自收到决定书之日起 30 日内

B. 自收到决定书之日起 15 日内

C. 自收到决定书之日起 7 日内

D. 自收到决定书之日起 60 日内

35. 根据《中华人民共和国反间谍法》规定，当事人对复议决定不服的，可以自收到复议决定书之日起（ ）日内，依法向人民法院提起诉讼。

A. 十五日

B. 十日

C. 二十日

D. 三十日

36. 下列选项中关于反间谍工作的表述不正确的是（ ）。

A. 专门工作与群众路线相结合

B. 坚持公开工作与秘密工作相结合

C. 只需积极防御即可

D. 坚持党中央集中统一领导

37. 在境外受胁迫或者受诱骗参加间谍组织、敌对组织，从事危害中华人民共和国国家安全的活动，及时向（　　）如实说明情况，或者入境后直接或者通过所在单位及时向国家安全机关如实说明情况，并有悔改表现的，可以不予追究。

A. 中华人民共和国驻外机构

B. 中华人民共和国外交部

C. 中华人民共和国国家安全部

D. 中华人民共和国公安部

38.（多选）国家建立健全（　　）的国家情报体制。

A. 集中统一

B. 协调统一

C. 分工协作

D. 科学高效

39.（　　）对国家情报工作实行统一领导。

A. 中央国家安全领导机构

B. 国务院

C. 中央军事委员会

D. 国安部门

40.（多选）中央国家安全领导机构的职责包括（　　）。

A. 制定国家情报工作方针政策

B. 规划国家情报工作整体发展

C. 建立健全国家情报工作协调机制

D. 统筹协调各领域国家情报工作

41. (多选)国家情报工作坚持(　　)的原则。

A. 公开工作与秘密工作相结合

B. 专门工作与群众路线相结合

C. 分工负责与协作配合相结合

D. 协调统一与科学高效相结合

42. (多选)我国国家情报工作机构体系包括(　　)。

A. 中央国家安全领导机构

B. 国家安全机关

C. 军队情报机构

D. 其他个人和组织

43. (多选)下列属于国际税收情报交换的形式的有(　　)。

A. 专项情报交换

B. 自发情报交换

C. 自动情报交换

D. 同期税务检查

44. (　　)都应当依法支持、协助和配合国家情报工作,保守所知悉的国家情报工作秘密。

A. 任何组织和公民

B. 国家机关工作人员

C. 自然人

D. 法人和非法人组织

45.(多选)国家情报工作机构应当建立健全严格的(　　)。

A. 监督制度

B. 纠错制度

C. 安全审查制度

D. 投诉受理制度

46.(多选)国家情报工作机构工作人员因执行紧急任务需要,可以(　　)。

A. 经出示相应证件,享受通行便利

B. 依法征用个人的交通工具

C. 提请海关、出入境边防检查等机关提供免检等便利

D. 查阅或者调取有关的档案

47.(　　)统筹协调国家数据安全的重大事项和重要工作,建立国家数据安全工作协调机制。

A. 中央国家安全领导机构

B. 国务院

C. 网信部门

D. 公安部门

48. 根据《中华人民共和国数据安全法》,(　　)依照该法和有关法律、行政法规的规定,负责统筹协调网络数据安全和相关监管工作。

A. 中央国家安全领导机构

B. 国务院

C. 国家网信部门

D. 公安部门

49.(　　)应当将数字经济发展纳入本级国民经济和社会发展规

划,并根据需要制定数字经济发展规划。

A. 省级以上人民政府

B. 省级以上人大

C. 市级以上人民政府

D. 市级以上人大

50. (多选)《中华人民共和国数据安全法》为促进数据交易,规定了以下哪些内容:(　　)。

A. 建立健全数据交易管理制度

B. 规范数据交易行为

C. 培育数据交易市场

D. 固定数据交易价格

51. (多选)为了促进数据的安全与发展,《中华人民共和国数据安全法》规定了以下哪些内容:(　　)。

A. 建立数据分类分级保护制度

B. 建立数据安全应急处置机制

C. 建立数据安全审查制度

D. 建立数据安全风险评估、报告、信息共享、监测预警机制

52. (多选)下面属于国家核心数据的有(　　)。

A. 有关重大公共利益的数据

B. 有关个人隐私的数据

C. 有关商业秘密的数据

D. 有关重要民生的数据

53. (多选)一般数据处理者在中华人民共和国境内运营中收集和产生的重要数据的出境安全管理办法,由国家(　　)制定。

A. 网信部门

B. 人大常委会

C. 国务院有关部门

D. 公安部门

54. (多选)任何机构或个人收集数据时应当(　　)。

A. 采取合法、正当的方式

B. 告知被收集者收集的目的

C. 不得窃取或者以其他非法方式获取数据

D. 对信息的用途进行保密

55. (多选)国家大力推进电子政务建设,提高政务数据的(　　)提升运用数据服务经济社会发展的能力。

A. 科学性

B. 准确性

C. 时效性

D. 广泛性

56. 从事下列(　　)活动,不适用于《中华人民共和国生物安全法》。

A. 防控重大新发突发传染病、动植物疫情

B. 应对微生物耐药

C. 防范外来物种入侵与保护生物多样性

D. 保守作为国家秘密的生物安全信息

57. 生物安全是国家安全的重要组成部分。维护生物安全应当贯彻总体国家安全观,统筹发展和安全,坚持(　　)原则。

A. 鼓励创新、加强建设、培养人才、支持发展

B. 以人为本、风险预防、分类管理、协同配合

C. 加强应急、培养人员、协同联动、有序高效

D. 应急处置、基础建设、技术研发、法律支持

58.（多选）下列（　　）情形下，有关部门应开展生物安全风险调查评估，依法采取必要的风险防控措施。

A. 通过风险监测发现可能存在生物安全风险

B. 为了调整生物安全相关名录或清单

C. 发生重大新发突发传染病的危害生物安全的事件

D. 通过国土资源监测系统发现部分地区有沙漠化现象

59. 重大生物安全风险警示信息应由（　　）发布。

A. 国家生物安全工作协调机构

B. 国务院

C. 国家生物安全工作协调机制成员单位

D. 省级人民政府

60. 境外发生重大生物安全事件的，海关依法采取生物安全紧急防控措施。必要时，经（　　）同意，可以采取暂时关闭有关口岸等措施。

A. 海关所在地的省级人民政府

B. 海关总署

C. 国务院

D. 国家生物安全工作协调机构

61. 有关单位和个人的生物安全违法信息是否应当被依法纳入全国信用信息共享平台？（　　）。

A. 是

B. 否

62. 国家根据对公众健康、工业农业、生态环境等造成危害的风险程

度，将生物技术研究、开发活动分为(　　)。

A. 高风险、中风险、低风险三类

B. 低风险、中风险、高风险三类

C. 高风险、中高风险、中风险、低风险四类

D. 低风险、中低风险、中风险、高风险四类

63. 国家根据病原微生物的传染性、感染后对人和动物的个体或者群体的危害程度，对病原微生物实行(　　)。

A. 分级管理

B. 分类管理

C. 严格管理

D. 安全管理

64. (判断对错)国家对我国人类遗传资源和生物资源享有主权。(　　)

A. 正确

B. 错误

65. 下列说法正确的是(　　)。

A. 医疗机构瞒报、谎报传染病、动植物疫病或者不明原因的聚集性疾病的，由县级以上人民政府有关部门责令改正，给予警告

B. 境外组织、个人及其设立或者实际控制的机构在我国境内采集、保藏我国人类遗传资源的，由科学技术部责令停止违法行为，没收违法所得和违法采集、保藏的人类遗传资源，并处100万元以上500万元以下的罚款

C. 从事生物技术研究、开发活动未遵守国家生物技术研究开发安全管理规范的，由县级以上人民政府有关部门根据职责分工，责令改正，给

予警告,可以并处2万元以上10万元以下的罚款

D.未经批准,擅自释放或者丢弃外来物种的,由县级以上人民政府有关部门根据职责分工,责令限期捕回、找回释放或者丢弃的外来物种,处1万元以上10万元以下的罚款

66.(多选)恐怖主义的内涵包括(　　)。

A.通过暴力、破坏、恐吓等手段制造社会恐慌

B.通过暴力、破坏、恐吓等手段危害公共安全

C.通过暴力、破坏、恐吓等手段胁迫国家机关

D.采取暴力、破坏、恐吓等手段,不讲求任何目的

67.下列说法不正确的是(　　)。

A.非法持有宣扬恐怖主义的物品,强制他人在公共场所穿戴宣扬恐怖主义的服饰的行为是恐怖活动

B.村民委员会、居民委员会应当协助人民政府以及有关部门,加强反恐怖主义宣传教育

C.地方各级人民政府制定、组织实施城乡规划,不必考虑符合反恐怖主义工作的需要

D.任何单位和个人发现宣扬极端主义的物品、资料、信息的,应当立即向公安机关或者有关部门报告

68.重点目标的管理单位建立的公共安全视频图像信息系统所采集的视频图像信息保存期限不得少于(　　)。

A.60日

B.90日

C.1年

D.2年

69.（多选）在恐怖活动犯罪案件中作证，本人或者其近亲属的人身安全面临危险的，经本人或者其近亲属提出申请，公安机关、有关部门应当采取下列一项或多项保护措施：（　　）。

A. 不公开真实姓名、住址和工作单位等个人信息

B. 禁止特定的人接触被保护人员

C. 对人身和住宅采取专门性保护措施

D. 变更被保护人员的姓名，重新安排住所和工作单位

70.《中华人民共和国反恐怖主义法》的施行时间是（　　）。

A. 2016 年 1 月 1 日

B. 2015 年 12 月 27 日

C. 2016 年 7 月 1 日

D. 2015 年 12 月 1 日

71. 在网上进行用户注册，设置用户密码时应当（　　）。

A. 设置 123456 等简单好记的数字、字母为密码

B. 所有账号都是一种密码，方便使用

C. 涉及财产、支付类账户的密码应采用高强度密码

D. 使用自己或父母生日作为密码

72. App 在申请可收集个人信息的权限时，以下说法正确的是（　　）。

A. 在隐秘或不易发现位置提示用户

B. 应同步告知收集使用的目的

C. 默认用户同意

D. 直接使用就好

73. 以下关于“隐私政策”的说法不正确的是（　　）。

A. 点击同意“隐私政策”，并不意味着个人信息都会被收集，很多都需用户在具体的业务场景下进行再次授权

B. App 实际的个人信息处理行为应与“隐私政策”等公开的收集使用规则一致

C. 完善的隐私政策通常包含收集使用个人信息的目的、方式、范围，与第三方共享个人信息情况

D. App 实际的个人信息处理行为可以超出隐私政策所述范围

74. 下面哪一行为可能会导致电脑被安装木马程序(　　)。

A. 下载可免费观看某电视剧全集的播放器

B. 在主流网站浏览资讯

C. 搜索资源时，优先考虑安全性较高的绿色网站

D. 发现邮箱中有一封陌生邮件，杀毒后下载邮件中的附件

75. 关于 App 涉及的赚钱福利活动，以下说法正确的是(　　)。

A. 登记身份证实名信息可以杜绝冒领礼品的行为

B. “看新闻赚钱”之所以提现难，是因为个人能贡献的流量和阅读量极其有限

C. 转发“集赞”“活动”的链接不会导致个人信息泄露

D. 邀请好友参与活动，不会对好友产生影响

76. 关于 App 运营者设置注销 App 的机制的做法，不正确的是(　　)。

A. 用户找不到注销入口联系客服，注销，但客服对此不给予回复

B. 账号注销机制应当有简洁易懂的说明

C. 注销渠道开放且可以使用，有较明显的注销入口

D. 核验把关环节要适度、合理，操作应便捷

77. 以下关于使用 App 的习惯不正确的是(　　)。

A. 谨慎使用各种需要填写个人信息的问卷调查的 App

B. 为了获取更多积分,填写真实姓名、出生日期、手机号码等所有的信息

C. 不使用强制收集无关个人信息的 App

D. 加强对不良 App 的辨识能力,不轻易被赚钱等噱头迷惑

78. 国家(　　)负责统筹协调网络安全工作和相关监督管理工作。

A. 公安部门

B. 通讯管理部门

C. 网信部门

D. 工业和信息化部门

79.《中华人民共和国网络安全法》的施行时间为(　　)。

A. 2016 年 11 月 7 日

B. 2016 年 12 月 31 日

C. 2017 年 1 月 1 日

D. 2017 年 6 月 1 日

80. 以下生活习惯属于容易造成个人信息泄露的是(　　)。

A. 淘汰手机卡直接卖给二手货市场

B. 使用即时通信软件传输身份证复印件

C. 将废旧名片当垃圾丢弃

D. 以上都有可能

参考答案

1. C	2. D	3. C	4. C	5. A	6. A
7. B	8. C	9. C	10. A	11. D	12. A
13. B	14. C	15. A	16. C	17. A	18. A
19. A	20. D	21. B	22. B	23. C	24. A
25. A	26. ABCD	27. ABCD	28. A	29. A	30. B
31. C	32. D	33. A	34. D	35. A	36. C
37. A	38. ACD	39. A	40. ABCD	41. ABC	42. ABCD
43. ABCD	44. A	45. AC	46. ABCD	47. A	48. C
49. A	50. ABC	51. ABCD	52. AD	53. AC	54. AC
55. ABC	56. D	57. B	58. ABC	59. C	60. C
61. A	62. A	63. B	64. A	65. A	66. ABC
67. C	68. B	69. ABCD	70. A	71. C	72. B
73. D	74. A	75. B	76. A	77. B	78. C
79. D	80. D				